# Saber cuidar

Dados Internacionais de Catalogação na Publicação (CIP)
(Câmara Brasileira do Livro, SP, Brasil)

Boff, Leonardo
   Saber cuidar : ética do humano – compaixão pela terra / Leonardo Boff. 20. ed. Petrópolis, RJ : Vozes, 2014.

7ª reimpressão, 2025.

ISBN 978-85-326-2162-7

1. Cuidados  I. Título.  II. Título: Ética do humano.

99-0968                                                  CDD-177.7

Índices para catálogo sistemático:
1. Cuidado : Ética social 177.7

Leonardo Boff

# Saber cuidar
*Ética do humano – compaixão pela terra*

EDITORA VOZES

Petrópolis

© by Leonardo Boff

Direitos para a edição brasileira cedidos à
1999, Editora Vozes Ltda.
Rua Frei Luís, 100
25689-900  Petrópolis, RJ
www.vozes.com.br
Brasil

Todos os direitos reservados. Nenhuma parte desta obra poderá ser
reproduzida ou transmitida por qualquer forma e/ou quaisquer meios
(eletrônico ou mecânico, incluindo fotocópia e gravação) ou arquivada
em qualquer sistema ou banco de dados sem permissão escrita da editora.

### CONSELHO EDITORIAL

**Diretor**
Volney J. Berkenbrock

**Editores**
Aline dos Santos Carneiro
Edrian Josué Pasini
Marilac Loraine Oleniki
Welder Lancieri Marchini

**Conselheiros**
Elói Dionísio Piva
Francisco Morás
Teobaldo Heidemann
Thiago Alexandre Hayakawa

**Secretário executivo**
Leonardo A.R.T. dos Santos

### PRODUÇÃO EDITORIAL

Anna Catharina Miranda
Eric Parrot
Jailson Scota
Marcelo Telles
Mirela de Oliveira
Natália França
Priscilla A.F. Alves
Rafael de Oliveira
Samuel Rezende
Verônica M. Guedes

*Preparação dos originais*: Marcia M.M. Miranda
*Foto do autor*: Daniella Riet
*Editoração e organização literária*: Lúcia M.E. Orth
*Diagramação*: Sheilandre Desenv. Gráfico

ISBN 978-85-326-2162-7

Este livro foi composto e impresso pela Editora Vozes Ltda.

*Para Marcia,*
*que por seu exemplo de cuidado*
*inspirou este livro,*
*e por sua colaboração*
*se fez verdadeiramente coautora.*

# Sumário

*Abertura* – O tamagochi e o cuidado, 11

**I.** A falta de cuidado: estigma de nosso tempo, 17

1 Sintomas da crise civilizacional, 18

2 Remédios insuficientes, 22

3 Insuficiências do realismo materialista, 25

4 Indicações para o caminho certo, 28

5 Uma nova ética a partir de uma nova ótica, 31

**II.** Cuidado: o *ethos* do humano, 37

1 O cuidado como modo-de-ser essencial, 38

2 Os mitos: um conhecimento ancestral da essência humana, 42

**III.** A fábula-mito do cuidado, 50

**IV.** Um escravo genial: Gaius Julius Hyginus, 53

1 A saga de Higino, 54

2 A obra de Higino, 56

**V. A explicação da fábula-mito do cuidado, 59**

    1  O que é uma fábula? O que é um mito?, 59

    2  Exemplos de mitos e fábulas exemplares, 64

    3  A dimensão céu: Júpiter, 68

    4  A dimensão terra: Tellus/Terra, 69

    5  A dimensão história e utopia: Saturno, 73

**VI. Dimensões do cuidado, 79**

    1  Terra: a dimensão material e terrenal da existência, 80

        a) O teatro cósmico, 82

        b) Que significa ser Terra?, 85

    2  Céu: a dimensão espiritual e celestial da existência, 89

    3  História e utopia: a condição humana fundamental, 93

**VII. Natureza do cuidado, 100**

    1  A filologia da palavra cuidado, 101

    2  Dois modos de ser-no-mundo: o trabalho e o cuidado, 104

        a) O modo-de-ser-trabalho, 105

        b) O modo-de-ser-cuidado, 109

    3  A ditadura do modo-de-ser-trabalho, 111

    4  O resgate do modo-de-ser-cuidado, 114

**VIII. Ressonâncias do cuidado, 124**

    1  O amor como fenômeno biológico, 125

    2  A regra de ouro: a justa medida, 128

        a) Medida justa e natureza, 130

        b) Medida justa e *pathos*, 134

3 A ternura vital, 136

4 A carícia essencial, 139

5 A cordialidade fundamental, 141

6 A convivialidade necessária, 143

7 A compaixão radical, 147

**IX.** Concretizações do cuidado, 154

1 Cuidado com o nosso único planeta, 154

2 Cuidado com o próprio nicho ecológico, 157

3 Cuidado com a sociedade sustentável, 159

4 Cuidado com o outro, *animus* e *anima*, 162

5 Cuidado com os pobres, oprimidos e excluídos, 164

6 Cuidado com nosso corpo na saúde e na doença, 166

7 Cuidado com a cura integral do ser humano, 171

8 Cuidado com a nossa alma, os anjos e os demônios interiores, 174

9 Cuidado com o nosso espírito, os grandes sonhos e Deus, 177

10 Cuidado com a grande travessia, a morte, 180

**X.** Patologias do cuidado, 187

1 A negação do cuidado essencial, 189

2 O cuidado em seu excesso: a obsessão, 189

3 O cuidado em sua carência: o descuido, 191

**XI.** Figuras exemplares de cuidado, 193

1 O cuidado de nossas mães e avós, 193

2 Jesus, um ser de cuidado, 194

3  Francisco de Assis: a fraternura do irmão universal, 195

4  Madre Teresa de Calcutá: o princípio misericórdia, 197

5  Irmão Antônio: caçador de sorrisos em rostos tristes, 200

6  Mahatma Gandhi: a política como cuidado com o povo, 205

7  O cuidado de Olenka e Tânia: a hospitalidade que salva, 209

8  O profeta do princípio Gentileza, 211

9  Feng-shui: a filosofia chinesa do cuidado, 217

*Conclusão*
O cuidado e o futuro dos espoliados e da Terra, 225

*Glossário*, 229

*Livros de Leonardo Boff*, 239

# Abertura
## O tamagochi e o cuidado

$A$ sociedade contemporânea, chamada sociedade do conhecimento e da comunicação, está criando, contraditoriamente, cada vez mais incomunicação e solidão entre as pessoas. A internet pode conectar-nos com milhões de pessoas sem precisarmos encontrar alguém. Pode-se comprar, pagar as contas, trabalhar, pedir comida, assistir a um filme sem falar com ninguém. Para viajar, conhecer países, visitar pinacotecas não precisamos sair de casa. Tudo vem à nossa casa via *online*.

A relação com a realidade concreta, com seus cheiros, cores, frios, calores, pesos, resistências e contradições é mediada pela imagem virtual que é somente imagem. O pé não sente mais o macio da grama verde. A mão não pega mais um punhado de terra escura. O mundo virtual criou um novo habitat para o ser humano, caracterizado pelo encapsulamento sobre si mesmo e pela falta do toque, do tato e do contato humano.

Essa antirrealidade afeta a vida humana naquilo que ela possui de mais fundamental: o cuidado e a com-paixão. Mitos antigos e pensadores contemporâneos dos mais profundos nos ensinam que a essência humana não se encontra tanto na inteligência, na liberdade ou na criatividade, mas basicamente no cuidado. O cuidado é, na verdade, o suporte real da criatividade, da liberdade e da inteligência. No cuidado se encontra o *ethos** fundamental do humano. Quer dizer, no cuidado identificamos os princípios, os valores e as atitudes que fazem da vida um bem-viver e das ações um reto agir.

O tipo de sociedade do conhecimento e da comunicação que temos desenvolvido nas últimas décadas ameaça a essência humana. Porventura, não descartou as pessoas concretas com as feições de seus rostos, com o desenho de suas mãos, com a irradiação de sua presença, com suas biografias marcadas por buscas, lutas, perplexidades, fracassos e conquistas? Não colocou sob suspeita e até difamou como obstáculo ao conhecimento objetivo, o cuidado, a sensibilidade e o enternecimento, realidades tão necessárias sem as quais ninguém vive e sobrevive com sentido? Na medida em que avança tecnologicamente na produção e no serviço de bens materiais, será que não produz mais empobrecidos e excluídos, quase dois terços da humanidade, condenados a morrer antes do tempo?

Nossa meditação procura denunciar semelhante desvio. Ousamos apresentar caminhos de cura e de resgate da essência humana, que passam todos pelo cuidado.

Alimentamos a profunda convicção de que o cuidado, pelo fato de ser essencial, não pode ser suprimido nem descartado. Ele se vinga e irrompe sempre em algumas brechas da vida. Se assim não fosse, repetimos, não seria essencial. Onde o cuidado aparece em nossa sociedade? Em algo muito vulgar, quase ridículo, mas extremamente indicativo: no tamagochi.

O que é o tamagochi? É uma invenção japonesa dos inícios de 1997. Um chaveirinho eletrônico, com três botões abaixo da telinha de cristal, que alberga dentro de si um bichinho de estimação virtual. O bichinho tem fome, come, dorme, cresce, brinca, chora, fica doente e pode morrer. Tudo depende do cuidado que recebe ou não de seu dono ou dona.

O tamagochi dá muito trabalho. Como uma criança, a todo momento deve ser cuidado; caso contrário, reclama com seu *bip*; se não for atendido, corre risco. E quem é tão sem coração a ponto de deixar um bichinho de estimação morrer?

O brinquedo transformou-se numa mania e tem mudado a rotina de muitas crianças, jovens e adultos que se empenham em cuidar do tamagochi, dar-lhe de comer, deixá-lo descansar e fazê-lo dormir. O cuidado faz até o milagre de ressuscitá-lo, caso tenha morrido por falta de atenção e de cuidado.

Bem disse um perspicaz cronista carioca: "solidão, seu codinome é tamagochi". O cuidado pelo bichinho de estimação virtual denuncia a solidão em que vive o homem/a mulher da sociedade da comunicação nascente. Mas anuncia também que, apesar da desumanização de grande parte de nossa cultura, a essência humana não se perdeu. Ela está aí na forma do cuidado, transferido para um aparelhinho eletrônico, ao invés de ser investido nas pessoas concretas à nossa volta: na vovó doente, num colega de escola deficiente físico, num menino ou menina de rua, no velhinho que vende o pão matinal, nos pobres e marginalizados de nossas cidades ou até mesmo num bichinho vivo de estimação qual seja um hamster, um papagaio, um gato ou um cachorro.

O cuidado serve de crítica à nossa civilização agonizante e também de princípio inspirador de um novo paradigma de convivialidade. É o que vamos propor no presente livro.

Sonhamos com um mundo ainda por vir, onde não vamos mais precisar de aparelhos eletrônicos com seres virtuais para superar nossa solidão e realizar nossa essência humana de cuidado e de gentileza. Sonhamos com uma sociedade mundializada, na grande casa comum, a Terra, onde os valores estruturantes se construirão ao redor do cuidado com as pessoas, sobretudo com os diferentes culturalmente, com os penalizados pela natureza ou pela história, cuidado com os espoliados e excluídos, as crianças, os velhos, os moribundos, cuidado com as plantas, os animais, as paisagens queridas e especialmente cuidado com a nossa grande e generosa Mãe, a Terra. Sonhamos com o cuidado assumido como o *ethos*\* fundamental do humano e como compaixão imprescindível para com todos os seres da criação.

---

\* As palavras com asterisco (\*) usadas no texto são explicadas no Glossário para facilitar a compreensão das ideias expostas no livro.

# I

## *A falta de cuidado:*
## *estigma de nosso tempo*

$E$ste livro vem escrito a partir de uma perspectiva de urgência. Por toda parte apontam sintomas que sinalizam grandes devastações no planeta Terra e na humanidade. O projeto de crescimento material ilimitado, mundialmente integrado, sacrifica 2/3 da humanidade, extenua recursos da Terra e compromete o futuro das gerações vindouras. Encontramonos no limiar de bifurcações fenomenais. Qual é o limite de suportabilidade do superorganismo-Terra? Estamos rumando na direção de uma civilização do caos?

A Terra em sua biografia conheceu cataclismos inimagináveis, mas sempre sobreviveu. Sempre salvaguardou o princípio da vida e de sua diversidade.

Estimamos que agora não será diferente. Há chance de salvamento. Mas para isso devemos percorrer um longo caminho de conversão de nossos hábitos cotidianos e políticos, privados e públicos, culturais e espirituais. A degradação crescente de nossa casa comum, a Terra, denuncia nossa crise de adolescência. Importa que entremos na idade madura e mostremos sinais de sabedoria. Sem isso não garantiremos um futuro promissor.

Formalizando a questão, podemos dizer: mais que o fim do mundo estamos assistindo ao fim de um *tipo* de mundo. Enfrentamos uma crise civilizacional generalizada. Precisamos de um novo paradigma de convivência que funde uma relação mais benfazeja para com a Terra e inaugure um novo pacto social entre os povos no sentido de respeito e de preservação de tudo o que existe e vive. Só a partir desta mutação faz sentido pensarmos em alternativas que representem uma nova esperança.

## 1 Sintomas da crise civilizacional

O sintoma mais doloroso, já constatado há décadas por sérios analistas e pensadores contemporâneos, é um difuso mal-estar da civilização. Aparece sob o fenômeno do descuido, do descaso e do abandono, numa palavra, da falta de cuidado.

– Há um descuido e um descaso pela vida inocente de crianças usadas como combustível na produção para o mercado mundial. Os dados da Organização Mundial da Infância de 1998 são aterradores: 250 milhões de crianças trabalham. Na América Latina, três em cada cinco crianças trabalham.

Na África, uma em cada três. E na Ásia uma em cada duas. São pequenos escravos a quem se nega a infância, a inocência e o sonho. Não causa admiração se são assassinadas por esquadrões de extermínio nas grandes metrópoles da América Latina e da Ásia.

– Há um descuido e um descaso manifesto pelo destino dos pobres e marginalizados da humanidade, flagelados pela fome crônica, mal sobrevivendo da tribulação de mil doenças, outrora erradicadas e atualmente retornando com redobrada virulência.

– Há um descuido e um descaso imenso pela sorte dos desempregados e aposentados, sobretudo dos milhões e milhões de excluídos do processo de produção, tidos como descartáveis e zeros econômicos. Esses nem sequer ingressam no exército de reserva do capital. Perderam o privilégio de serem explorados a preço de um salário mínimo e de alguma seguridade social.

– Há um descuido e um abandono dos sonhos de generosidade, agravados pela hegemonia do neoliberalismo com o individualismo e a exaltação da propriedade privada que comporta. Menospreza-se a tradição de solidariedade. Faz-se pouco dos ideais de liberdade e de dignidade para todos os seres humanos. Esta situação se aprofundou com a queda do socialismo real e a implosão do bloco soviético. Não obstante suas contradições, essas realidades mantinham sempre ativa a retórica do social, acesa a consciência da cooperação e do internacionalismo.

– Há um descuido e um abandono crescente da sociabilidade nas cidades. A maioria dos habitantes se sentem desenraizados culturalmente e alienados socialmente. Predomina a sociedade do espetáculo, do simulacro e do entretenimento.

– Há descuido e descaso pela dimensão espiritual do ser humano, pelo *esprit de finesse* (espírito de gentileza) que cultiva a lógica do coração e do enternecimento por tudo o que existe e vive. Não há cuidado pela inteligência emocional, pelo imaginário e pelos anjos e demônios que o habitam. Todo tipo de violência e de excesso é mostrado pelos meios de comunicação com ausência de qualquer pudor ou escrúpulo.

– Há um descuido e um descaso pela coisa pública. Organizam-se políticas pobres para os pobres; os investimentos sociais em seguridade alimentar, em saúde, em educação e em moradia são, em geral, insuficientes. Há um descuido vergonhoso pelo nível moral da vida pública marcada pela corrupção e pelo jogo explícito de poder de grupos, chafurdados no pantanal de interesses corporativos.

– Há um abandono da reverência, indispensável para cuidar da vida e de sua fragilidade. A continuar esse processo, até meados do século XXI terão desaparecido, definitivamente, mais da metade das espécies animais e vegetais atualmente existentes. É o que nos informa o conceituado e recente relatório sobre o estado da Terra (*The State of Environment Atlas*) dos Estados Unidos. Com eles desaparece uma biblioteca de conhecimentos acumulados pelo universo no curso de 15 bilhões de anos de penoso trabalho evolutivo.

– Há um descuido e um descaso na salvaguarda de nossa casa comum, o planeta Terra. Solos são envenenados, ares são contaminados, águas são poluídas, florestas são dizimadas, espécies de seres vivos são exterminadas; um manto de injustiça e de violência pesa sobre dois terços da humanidade. Um princípio de autodestruição está em ação, capaz de liquidar o sutil equilíbrio físico-químico e ecológico do planeta e devastar a biosfera, pondo assim em risco a continuidade do experimento da espécie *homo sapiens* e *demens*.

– Há descuido e descaso generalizado na forma de se organizar a habitação, pensada para famílias minúsculas, obrigadas a viver em cômodos insalubres. Milhões e milhões são condenados a viver em favelas sem qualquer qualidade de vida, sob a permanente ameaça de deslizamentos, fazendo a cada ano milhares de vítimas. As formas de vestir de estratos importantes da juventude revelam decadência dos gostos e dos costumes. Recorre-se frequentemente à violência para resolver conflitos interpessoais e institucionais, normalmente superáveis mediante o diálogo e a mútua compreensão.

Atulhados de aparatos tecnológicos vivemos tempos de impiedade e de insensatez. Sob certos aspectos regredimos à barbárie mais atroz.

## 2 Remédios insuficientes

Face a esta situação de falta de cuidado, muitos se rebelam. Fazem de sua prática e de sua fala permanente contestação. Mas sozinhos sentem-se impotentes para apresentar uma saída libertadora. Perderam a esperança.

Outros perderam a própria fé na capacidade de regeneração do ser humano e de projeção de um futuro melhor. Veem no ser humano mais a dimensão de demência do que de sapiência. Resignaram-se na amargura. Depois da vida há coisa pior do que perder o brilho da vida?

Outros têm fé e esperança. Mas propõem remédios inadequados aos sintomas de uma doença coletiva. Não vão à causa real das mazelas. Tratam apenas dos sinais.

Assim, por exemplo, muitos estimam que o mal-estar generalizado resulta do abandono da *religião*. Esquecendo-se Deus, afirmam, tudo é possível. Com efeito, o ser humano da modernidade entrou num aceleradíssimo processo de secularização. Não precisa de Deus para legitimar e justificar os pactos sociais. A religião persiste, mas não consegue ser fonte de sentido transcendente para o conjunto da sociedade.

O ser humano moderno criou um "complexo de Deus". Comportou-se como se fora Deus. Através do projeto da tecnociência pensou que tudo podia, que não haveria limites à sua pretensão de tudo conhecer, de tudo dominar e de tudo projetar. Esta pretensão colocou exigências exorbitantes a si mesmo. Ele não aguenta mais tanto desenvolvimento que já mostra seu componente destrutivo ao ameaçar o destino comum da Terra e de seus habitantes. Irrompeu nele "o complexo de Deus" que o acabrunha.

Entretanto, cabe perguntar: A religião por si só consegue corrigir esse desvio? Basta tornar as pessoas mais piedosas? Ela pode seguramente revitalizar uma dimensão da existência, o espaço institucional do sagrado e reforçar o seu poder histórico-social. Mas não necessariamente gesta um modo de ser mais solidário e compassivo. Nem *ipso facto* origina uma espiritualidade capaz de tudo religar e de tudo fundar na Fonte originária.

O decisivo não são as religiões, mas a espiritualidade subjacente a elas. É a espiritualidade que une, liga e re-liga e integra. Ela e não a religião ajuda a compor as alternativas de um novo paradigma civilizatório.

Ao "complexo de Deus" devemos propor "o nascimento de Deus" dentro de cada pessoa e da história da humanidade, e sua epifania no universo.

Outros grupos opinam: para resolver a crise atual, deve-se reforçar a *moral* e a contenção dos costumes. Em nome dessa proposta mobilizam-se milhões de pessoas em defesa da vida inocente, contra o aborto, pela paz contra a guerra, por uma nova tecnologia mais benevolente para com o meio ambiente. A moral é importante. Mas se não nascer de uma nova redefinição do ser humano e de sua missão no universo, no contexto de uma nova aliança de paz e de sinergia* para com a Terra e com os povos que nela habitam, ela pode decair num moralismo enfadonho e farisaico e transformar-se num pesadelo das consciências. Uma ética nova pressupõe uma ótica nova. Cumpre investir nessa nova ótica, como tentaremos ao largo e ao longo de nossas reflexões.

Outros pensam: precisamos de mais *educação*, de mais formação e de mais informação. Obviamente, importa socializar os conhecimentos, aumentar a massa crítica da humanidade e democratizar os processos de empoderamento* dos cidadãos. Certamente o saber é imprescindível. Sem ele não debelamos os figadais inimigos da humanidade como a fome, a doença e a incomunicação. O saber nos confere poder. O saber e o poder nos levaram à Lua e já para fora do sistema solar. Mas a serviço de que projeto de ser humano, de sociedade e de mundo utilizamos o poder da ciência e da técnica? A resposta a esta questão pede mais que ciência e técnica. Exige uma filosofia do ser e uma reflexão espiritual que nos fale do Sentido de todos os sentidos e que saiba organizar a convivência humana sob a inspiração da lei mais fundamental do universo: a sinergia, a cooperação de todos com todos e a solidariedade cósmica. Mais importante que saber é nunca perder a capacidade de sempre mais aprender. Mais do que poder, necessitamos de sabedoria, pois só esta manterá o poder em seu caráter instrumental, fazendo-o meio de potenciação da vida e de salvaguarda do planeta.

Todas estas propostas, por sugestivas que sejam, não vão à raiz da questão essencial. Se notamos, por exemplo, uma rachadura na parede, seria enganoso e irresponsável tomar cimento e cal e simplesmente tapá-la. Não seria imperativo analisar os fundamentos que tudo sustentam, geralmente invisíveis e detectar aí a causa da rachadura e saná-la pela raiz? Não seria essa a atitude mais racional e mais sábia? Se um filho começa a mostrar problemas nos estudos, a entregar-se à droga, a voltar de madrugada, de pouco vale culpá-lo e mantê-lo em rédeas curtas. Talvez o problema não esteja nele e sim na incapacidade de trabalhar criativamente as relações familiares destruídas, a contínua tensão entre pai e mãe e a crise financeira do pai que frustra os sonhos do filho e compromete o futuro de toda a família.

## 3 Insuficiências do realismo materialista

Analisando com mais profundidade, descobrimos por detrás do edifício da modernidade científico-técnica o funcionamento de uma determinada filosofia: o *realismo materialista*.

Chama-se de *realismo* a esta filosofia porque imagina que as realidades existem como objetos independentes do sujeito que as observa. Elas, na verdade, não são independentes. Não há objeto sem sujeito e sujeito sem objeto. Há a unidade sagrada da realidade que, como num jogo, sempre inclui a todos como participantes e jamais como meros espectadores. Este realismo é pouco realista porque reduz o âmbito da realidade, ao não incluir nela o fenômeno da subjetividade, da consciência, da vida e da espiritualidade.

Desde tempos imemoriais, todos os povos e culturas se enchiam de veneração face à realidade do Divino que impregna todo o universo; vivenciavam o significado sagrado de todas as coisas e cultivavam a espiritualidade como aquela visão interior que unia tudo à sua Fonte divina. Somente nos últimos quatro séculos surgiu um tipo de humanidade cega a estas dimensões e, por isso, profundamente empobrecida em sua realização no mundo. Ela encurtou a realidade ao tamanho dos cinco sentidos, organizados pela razão analítica.

Esta filosofia se entende *materialista*, no sentido antigo, porque pressupõe que a matéria (átomos, partículas elementares, vácuo quântico etc.) constitui a única realidade consistente; os demais fenômenos são derivações secundárias dela. Não assimilou ainda o fato de que a matéria não é simplesmente "material", mas é energia estabilizada, cheia de interações complexas. A matéria, como a filologia da palavra sugere, é mãe de todas as coisas, até da vida que é a auto-organização* da matéria. Ainda não se criou a consciência de que o visível é parte do invisível.

Hoje os sinos dobram sobre o realismo materialista. A física quântica demonstrou a profunda interconexão de tudo com tudo e a ligação indestrutível entre realidade e observador; não há realidade em si, desconectada da mente que a pensa; ambas são dimensões de uma mesma realidade complexa. O universo é consciente. A moderna cosmologia* demonstrou que este universo é matematicamente inconsistente sem a existência de um Espírito Sagrado e uma Mente infinitamente ordenadora.

A nova filosofia apresenta-se holística*, ecológica e espiritual. Ela funda uma alternativa ao realismo materialista, com capacidade de devolver ao ser humano o sentimento de pertença à família humana, à Terra, ao universo e ao propósito divino.

Assim se supera o dado mais grave que se esconde por detrás da falta de cuidado: a perda da conexão com o Todo; o vazio da consciência que não mais se percebe parte e parcela do universo; a dissolução do sentimento do Sagrado face ao cosmos e a cada um dos seres; e a ausência da percepção da unidade de todas as coisas, ancoradas no mistério do Supremo Criador e Provedor de tudo.

Sobre o conjunto destas questões devemos refletir com atenção até construirmos um novo estado de consciência. É a pré-condição para gestarmos uma atitude de maturidade e de sabedoria que nos ajudará a buscar outros caminhos, diferentes dos já trilhados até agora. Após séculos de cultura material, buscamos hoje ansiosamente uma espiritualidade simples e sólida, baseada na percepção do mistério do universo e do ser humano, na ética da responsabilidade, da solidariedade e da compaixão, fundada no cuidado, no valor intrínseco de cada coisa, no trabalho bem-feito, na competência, na honestidade e na transparência das intenções.

## 4 Indicações para o caminho certo

Importa buscar respostas, inspiradas em outras fontes e em outras visões de futuro para o planeta e para a humanidade.

Estas respostas não se encontram prontas em algum recanto privilegiado da Terra. Nem em algum livro ancestral. Nem em mestres e gurus com novas ou antigas técnicas de espiritualização. Nem em alguma profecia escondida. Nem em iniciações rituais e mágicas. Nem simplesmente em caminhos terapêuticos à base de produtos naturais. Devemos aprender de todas estas propostas, mas cavar mais fundo, ir mais longe e evitar soluções calcadas sobre uma única razão. Importa inserir outras dimensões para enriquecer nossa visão.

Neste sentido as respostas vêm sendo formuladas concretamente pelo conjunto das pessoas que ensaiam práticas significativas em todos os lugares e em todas as situações do mundo atual. Portanto, não há um sujeito histórico único. Muitos são os sujeitos destas mudanças. Elas se orientam por um novo sentido de viver e de atuar. Por uma nova percepção da realidade e por uma nova experiência do Ser. Elas emergem de um caminho coletivo que se faz caminhando.

Com efeito, cresce seminalmente um novo paradigma* de re-ligação, de re-encantamento pela natureza e de com-paixão pelos que sofrem; inaugura-se uma nova ternura para com a vida e um sentimento autêntico de pertença amorosa à Mãe-Terra. Essa viragem se mostra pelo crescimento dos grupos que cultivam a ecologia, a meditação e a espiritualidade; cresce o número dos que acompanham com atenção o impacto ambiental dos projetos realizados pelas empresas privadas ou pelo estado; muitos são os que, em todas as questões abordadas, incorporam a perspectiva da Terra como um todo vivo e orgânico. Mais e mais pessoas procuram alimentar-se com produtos naturais e mantêm sob severo controle o nível de contaminação e quimicalização dos produtos. Aumenta a consciência da corresponsabilidade pelo único planeta que temos, por sua imensa biodiversidade e por cada ser ameaçado de extinção. Aumenta o senso de solidariedade para com populações dizimadas pela fome ou por alguma catástrofe natural. Mobilizam-se grupos e a opinião pública em defesa dos direitos dos animais e dos direitos humanos sociais e culturais; há um notável esforço de superação do patriarcalismo e pelo fortalecimento da dimensão da *anima** no homem e na mulher, pelo apoio às mulheres, às minorias socialmente discriminadas que podem representar milhões e milhões de pessoas como os negros, os povos originários, os portadores de alguma deficiência ou doença etc. A espiritualidade cósmica volta a animar espíritos sensíveis à mensagem que emana do universo e da natureza. Tradições religiosas e espirituais se revitalizam em contato com os desafios do nosso tempo.

Sente-se a urgência de um novo *ethos** civilizacional que nos permitirá dar um salto de qualidade na direção de formas mais cooperativas de convivência, de uma renovada veneração pelo Mistério que perpassa e que sustenta o processo evolutivo.

Por toda parte se formulam ânsias por uma nova aliança de paz perene com as demais espécies e com a Terra. Esse novo contrato social se assenta na participação respeitosa do maior número possível, na valorização das diferenças, na acolhida das complementaridades e na convergência construída a partir da diversidade de culturas, de modos de produção, de tradições e de sentidos de vida.

## 5 Uma nova ética a partir de uma nova ótica

Em momentos críticos como os que vivemos, revisitamos a sabedoria ancestral dos povos e nos colocamos na escola de uns e outros. Todos nos fazemos aprendizes e aprendentes. Importa construir um novo *ethos** que permita uma nova convivência entre os humanos com os demais seres da comunidade biótica, planetária e cósmica; que propicie um novo encantamento face à majestade do universo e à complexidade das relações que sustentam todos e cada um dos seres.

*Ethos** em seu sentido originário grego significa a toca do animal ou casa humana, vale dizer, aquela porção do mundo que reservamos para organizar, cuidar e fazer o nosso habitat. Temos que reconstruir a casa humana comum – a Terra – para que nela todos possam caber. Urge modelá-la de tal forma que tenha sustentabilidade para alimentar um novo sonho civilizacional. A casa humana hoje não é mais o estado-nação, mas a Terra como pátria/mátria comum da humanidade. Esta se encontrava no exílio, dividida em estados-nações, insulada em culturas regionais, limitada pelas infindáveis línguas e linguagens. Agora, lentamente, está regressando de seu longo exílio. Está se reencontrando num mesmo lugar: no planeta Terra unificado. Nele fará uma única história, a história da espécie *homo*, numa única e colorida sociedade mundial, na consciência de um mesmo destino e de uma igual origem.

Esse *ethos** (modelação da casa humana) ganhará corpo em morais* concretas (valores, atitudes e comportamentos práticos) consoante às várias tradições culturais e espirituais. Embora diversas, todas as propostas morais alimentarão o mesmo propósito: salvaguardar o planeta e assegurar as condições de desenvolvimento e de coevolução do ser humano rumo a formas cada vez mais coletivas, mais interiorizadas e espiritualizadas de realização da essência humana.

De onde vamos derivar esse novo *ethos** civilizacional? Ele deve emergir da natureza mais profunda do humano. De dimensões que sejam por um lado fundamentais e por outro compreensíveis para todos. Se não nascer do cerne essencial do ser humano, não terá seiva suficiente para dar sustentabilidade a uma nova florada humana com frutos sadios para a posteridade.

Devemos todos beber da própria fonte. Auscultar nossa natureza essencial. Consultar nosso coração verdadeiro. Essa dimensão fontal deverá suplantar a desesperança imobilizadora e a resignação amarga. Deverá, outrossim, complementar os caminhos insuficientes referidos acima. Quer dizer, essa dimensão fontal será a base para um novo sentimento religioso. Criará um novo sentido ético e moral. Propiciará uma nova razão, instrumental, emocional e espiritual que transformará a ciência, a tecnologia e a crítica em medicinas para a Terra e para a humanidade. Uma nova ética nascerá de uma nova ótica.

Qual será essa ótica? Qual será essa dimensão seminal do humano, capaz de sustentar uma nova aventura histórica? De que *ethos* precisamos? Daquele que se opõe à falta de cuidado, ao descuido, ao descaso e ao abandono?

## Bibliografia para aprofundamento

ANTUNES, C. *Uma aldeia em perigo* – Os grandes problemas geográficos do século XX. Petrópolis: Vozes, 1986.

ARAÚJO DE OLIVEIRA, M. *Ética e práxis histórica*. São Paulo: Ática, 1995.

ARRIGHI, G. *A ilusão do desenvolvimento*. Petrópolis: Vozes, 1997.

_____. *O longo século XX*. Rio de Janeiro: Contraponto, 1996.

ARRUDA, M. *Globalização e sociedade civil* – Repensando o cooperativismo no contexto da cidadania ativa. Rio de Janeiro: Publicações Pacs, 1997.

ASSMANN, H. *Reencantar a educação* – Rumo à sociedade aprendente. Petrópolis: Vozes, 1998.

_____. *Metáforas novas para reencantar a educação*. Piracicaba: Unimep, 1996.

BARRÈRE, M. *Terra, patrimônio comum*. São Paulo: Nobel, 1995.

BERRY, Th. *O sonho da Terra*. Petrópolis: Vozes, 1991.

BLOOM, H. *O cânone ocidental*. Rio de Janeiro: Objetiva, 1995.

BOFF, L. *O despertar da águia* – O dia-bólico e o sim-bólico na construção da realidade. Petrópolis: Vozes, 1998.

_____. *Ecologia*: grito da Terra, grito dos pobres. São Paulo: Ática, 1995.

_____. Frei Betto. *Mística e espiritualidade.* Rio de Janeiro: Rocco, 1995.

_____. *Nova era*: a civilização planetária. São Paulo: Ática, 1995.

CAPRA, F. *A teia da vida* – Uma nova compreensão científica dos sistemas vivos. São Paulo: Cultrix, 1997.

DEMO, P. *Conhecimento moderno* – Sobre ética e intervenção do conhecimento. Petrópolis: Vozes, 1997.

FEATHERSTONE, M. *Cultura global.* Petrópolis: Vozes, 1994.

FERGUSON, M. *A conspiração aquariana.* Rio de Janeiro: Record, 1995.

FERRY, L. *A nova ordem ecológica* – A árvore, o animal, o homem. São Paulo: Ensaio, 1994.

FIORI, J.L. *Os moedeiros falsos.* Petrópolis: Vozes, 1997.

FREUD, S. *O mal-estar na civilização.* Obras completas XXI. Rio de Janeiro: Imago, 1974.

GUITTON, J. *Deus e a ciência.* Rio de Janeiro: Nova Fronteira, 1992.

HEISENBERG, W. *A parte e o todo.* Rio de Janeiro: Contraponto, 1996.

HIRST, P. & THOMPSON, G. *Globalização em questão.* Petrópolis: Vozes, 1998.

IANNI, O. *A era do globalismo.* Rio de Janeiro: Civilização Brasileira, 1996.

JOHNSON, G. *Fogo na mente* – Ciência, fé e a busca da ordem. Rio de Janeiro: Campus, 1997.

LADRIÈRE, J. *Os desafios da racionalidade*. Petrópolis: Vozes, 1990.

LATOUCHE, S. *A ocidentalização do mundo* – Ensaio sobre a significação, o alcance e os limites da uniformização planetária. Petrópolis: Vozes, 1994.

LEMKOW, A.F. *O princípio de totalidade* – A dinâmica da unidade na religião, ciência e sociedade. São Paulo: Aquariana, 1992.

LOVELOCK, J. *As eras de Gaia* – A biografia da nossa Terra viva. São Paulo: Campus, 1991.

MAY, P.H.-MOTTA, R.S. da. *Valorando a natureza* – Análise econômica para o desenvolvimento sustentável. São Paulo: Campus, 1994.

MATELLART, A. *Comunicação-mundo*. Petrópolis: Vozes, 1994.

McKIBBEN, B. *O fim da natureza*. Rio de Janeiro: Nova Fronteira, 1990.

MESLIN, M. *A experiência humana do divino*. Petrópolis: Vozes, 1992.

MÜLLER, R. *O nascimento de uma civilização global*. São Paulo: Aquariana, 1993.

RAMONET, Ig. *Geopolítica do caos*. Petrópolis: Vozes, 1998.

SAGAN, C. *O mundo assombrado pelos demônios* – A ciência vista como uma vela no escuro. São Paulo: Companhia das Letras, 1997.

_____. *Pálido ponto azul* – Uma visão do futuro da humanidade no espaço. São Paulo: Companhia das Letras, 1996.

SCHWARZ, W. – D. *Ecologia*: alternativa de futuro. São Paulo: Paz e Terra, 1990.

SERRES, M. *O contrato natural.* Rio de Janeiro: Nova Fronteira, 1991.

VIEIRA, L. *Cidadania e globalização*. Rio de Janeiro: Record, 1997.

SKLAIR, L. *Sociologia do sistema global.* Petrópolis: Vozes, 1995.

VOS, H.-Vervier, J. *Utopia cristã e lógica econômica.* Petrópolis: Vozes, 1997.

WARD, P. *O fim da evolução* – Extinções em massa e a preservação da biodiversidade. Rio de Janeiro: Campus, 1997.

# II

## *Cuidado:*
## *o* ethos *do humano*

*O* que se opõe ao descuido e ao descaso é o cuidado. Cuidar é mais que um *ato*; é uma *atitude*. Portanto, abrange mais que um *momento* de atenção, de zelo e de desvelo. Representa uma *atitude* de ocupação, preocupação, de responsabilização e de envolvimento afetivo com o outro.

A atitude é uma fonte, gera muitos atos que expressam a atitude de fundo. Quando dizemos, por exemplo: "nós cuidamos de nossa casa" subentendemos múltiplos atos como: preocupamo-nos com as pessoas que nela habitam, dando-lhes atenção, garantindo-lhes as provisões e interessando-nos com o seu bem-estar. Cuidamos da aura boa que deve inundar cada cômodo, o quarto, a sala e a cozinha. Zelamos pelas relações de amizade com os vizinhos e de calor com os hóspedes. Desvelamo-nos para que a casa seja um lugar de benquerença deixando saudades quando partimos e despertando alegria quando voltamos. Alimentamos uma atitude geral de diligência pelo estado físico da casa, pelo terreno e pelo jardim. Ocupamo-nos do gato e do cachorro, dos peixes e dos pássaros que povoam nossas árvores. Tudo isso pertence à atitude do cuidado material, pessoal, social, ecológico e espiritual da casa.

## 1 O cuidado como modo-de-ser essencial

Entretanto, o cuidado é ainda algo mais que um ato e uma atitude entre outras. Disse-o o filósofo que melhor viu a importância essencial do cuidado, Martin Heidegger (1889-1976), em seu famoso *Ser e tempo*: "Do ponto de vista existencial, o cuidado se acha *a priori*, antes de toda atitude e situação do ser humano, o que sempre significa dizer que ele se acha em toda atitude e situação de fato". Quer dizer, o cuidado se encontra na raiz primeira do ser humano, antes que ele faça qualquer coisa. E, se fizer, ela sempre vem acompanhada de cuidado e imbuída de cuidado. Significa reconhecer o cuidado como um *modo-de-ser* essencial, sempre presente e irredutível à outra realidade anterior. É uma dimensão fontal, originária, ontológica*, impossível de ser totalmente desvirtuada.

Um modo-de-ser não é um novo ser. É uma maneira do próprio ser de estruturar-se e dar-se a conhecer. O cuidado entra na natureza e na constituição do ser humano. O modo-de-ser cuidado revela de maneira concreta como é o ser humano.

Sem o cuidado, ele deixa de ser humano. Se não receber cuidado, desde o nascimento até a morte, o ser humano desestrutura-se, definha, perde sentido e morre. Se, ao largo da vida, não fizer com cuidado tudo o que empreender, acabará por prejudicar a si mesmo e por destruir o que estiver à sua volta. Por isso o cuidado deve ser entendido na linha da essência humana. (Que responde à pergunta: O que é o ser humano?) O cuidado há de estar presente em tudo. Nas palavras de Martin Heidegger: "cuidado significa um fenômeno ontológico\*-existencial básico". Traduzindo: um fenômeno que é a base possibilitadora da existência humana enquanto humana.

Podemos responder de muitas e de diferentes maneiras à pergunta: o que é o ser humano? A questão e sua correspondente resposta encontram-se subjacentes nas formações sociais, nas diferentes visões de mundo, nas diversas filosofias, ciências e projetos elaborados pelo ingênio humano.

A resposta latente e inconsciente, porém, torna-se patente e consciente, quando formulamos a seguinte questão: Que imagem de ser humano está sepultada numa cultura como a nossa que privilegia acima de tudo a racionalidade científico-técnica? A resposta natural será: o ser humano é um animal racional. Que imagem se oculta no modo de produção capitalista e na economia exclusivamente de mercado? A resposta óbvia será: o ser humano é essencialmente um ser de necessidades (um animal faminto) que devem ser satisfeitas e, por isso, um ser de consumo. Que imagem de ser humano subjaz ao ideal democrático? A resposta consequente será: o ser humano é um ser de participação, um ator social, um sujeito histórico pessoal e coletivo de construção de relações sociais o mais igualitárias, justas, livres e fraternas possíveis dentro de determinadas condições histórico-sociais. Que ideia de ser humano está pressuposta na luta pelos direitos humanos? A resposta clara será: o ser humano vem dotado de sacralidade porque é sujeito de direitos e de deveres inalienáveis e se mostra como um projeto infinito. Que compreensão de ser humano está subentendida no projeto científico-técnico de dominação da natureza? A resposta mais provável será: o ser humano se entende (ilusoriamente) como o ápice do processo de evolução, o centro de todos os seres (antropocentrismo) e considera que as demais coisas, especialmente a natureza, só têm sentido quando ordenadas ao ser humano; ele pode dispor delas ao seu bel-prazer. Quando o místico São João da Cruz diz que o ser humano é chamado a ser Deus por participação, que imagem pressupõe do ser humano? A resposta ousada será: o ser humano tem a capacidade de dia- logar com o Mistério do mundo, perguntar por um último Sentido e entrar em comunhão com Ele e ser um com Ele. Por fim, que imagem de ser humano projetamos quando o descobrimos como um ser-no-mundo-com-outros sempre se relacionando, construindo seu habitat, ocupando-se com as coisas, preocupando-se com as pessoas, dedicando-se àquilo que lhe representa importância e valor e dispondo-se a sofrer e a alegrar-se com quem se sente unido e ama? A resposta mais adequada será: o ser humano é um ser de cuidado, mais ainda, sua essência se encontra no cuidado. Colocar cuidado em tudo o que projeta e faz, eis a característica singular do ser humano.

Convém sempre explicitar a imagem de ser humano subjacente em nossas visões de mundo, em nossos projetos e em nossas práticas. Pois assim conscientizamos o que queremos ser e podemos, continuamente, submeter essa imagem à crítica e a um possível aperfeiçoamento.

A humanidade abriu muitos caminhos na decifração da essência do ser humano. Serviu-se das artes, da pintura nas cavernas rupestres, dos desenhos em vasos de barro. Expressou-se pelos grandes monumentos, por miniaturas de marfim e por uma gama imensa de músicas folclóricas. Utilizou a palavra através de mitos, fábulas, poemas e narrativas. Usou do pensamento através da filosofia e das cosmovisões. As religiões, através dos mitos da criação, do fim do mundo e da plasmação do ser humano, ofereceram as decifrações mais ousadas da natureza humana. Hoje em dia prefere-se o cinema, o universo virtual da comunicação e principalmente as ciências empíricas, hermenêuticas e holísticas. Todas elas implicitamente encerram uma antropologia, quer dizer, uma determinada compreensão do ser humano, homem e mulher.

## 2 Os mitos: um conhecimento ancestral da essência humana

Todas estas achegas são de imenso valor. Na medida do possível iremos incorporar as várias contribuições em nosso trabalho. Contudo, por nossa parte, vamos privilegiar um outro caminho, aquele dos mitos. Estimamos que as mitologias, mais que as ciências e as filosofias, encerram, junto com as religiões, os grandes elucidamentos da essência humana. Aí as culturas projetaram, geração após geração, grandes visões, acumularam reflexões, fizeram aprofundamentos e os passaram a seus pósteros. Souberam usar de uma linguagem plástica, com imagens tiradas das profundezas do inconsciente coletivo, acessível a todas as idades e a todos os tempos. Além das visões e dos símbolos, suscitaram e continuam suscitando grandes emoções. E são essas que ficam e mobilizam as pessoas e os povos na história.

Não é seguro que nós modernos, com nossa inteligência instrumental, com toda nossa tradição de pesquisa empírica, de crítica e de acumulação de saberes sobre praticamente tudo, conheçamos mais o ser humano que os antigos formuladores de mitos. Estes se revelaram observadores meticulosos e sábios exímios de cada situação e de cada dobra da existência. Convém revisitá-los, valorizar suas contribuições e escutar suas lições, sempre atuais.

Vamos, pois, perseguir o caminho dos mitos. Entretanto, há de se entender corretamente os mitos. Eles não são coisas do passado arcaico, produtos aleatórios do pensamento primitivo ou da fantasia incontrolada. São atuais, porquanto nós, modernos, também criamos mitos.

Os mitos são linguagens para traduzir fenômenos profundos, indescritíveis pela razão analítica. Como falar do enamoramento, do amor, do cuidado essencial, da traição da pessoa amada, das crises da vida, das doenças incuráveis, do nascimento e da morte senão com emoção, contando estórias exemplares? Os conceitos abstratos e frios não conseguem traduzir as cores da realidade. Não geram figurações na imaginação. Por isso, de certa forma, falseiam nossa experiência dos fenômenos vividos.

Como bem se disse, a linguagem consagrada da psicologia científica vigente representa, em boa parte, um insulto à alma porque, na elaboração de seus instrumentos de análise, deixa de fora as energias poderosas, verdadeiros deuses e deusas que habitam a profundidade humana, as imagens e os símbolos. Preferem os conceitos abstratos, extraídos de um paradigma que privilegiava a física e a mecânica. Devemos, pois, saber combinar inteligência instrumental-analítica, donde nos vem o rigor científico, com inteligência emocional-cordial, donde derivam as imagens e os mitos.

As deusas e os deuses mitológicos não devem ser considerados como existentes em si mesmos, seres substanciais e independentes de nossa existência. Configuram arquétipos* do inconsciente coletivo, vale dizer, centros de grande energia e significação, que somente através da linguagem dos heróis e das heroínas, dos deuses e das deusas podem ser expressos adequadamente. São figuras carregadas de emoção, feitas referências paradigmáticas e inspirações mobilizadoras para os comportamentos humanos.

O politeísmo não representa um estágio inferior da evolução religiosa rumo ao monoteísmo. Bem compreendido, não quer tanto afirmar a multiplicidade de divindades, mas as mil faces da mesma e única Divindade, do único Mistério de comunhão, vinculado à dinâmica aberta do mundo e do espírito. O monoteísmo, por sua vez, caminha *pari passu* com o surgimento de visões imperiais unitaristas que empobrecem a polivalência do sagrado.

Entendidas como forças espirituais poderosas, as múltiplas divindades representam os muitos centros energéticos e as diferentes fontes de sentido que estruturam a interioridade humana. Esta interioridade é habitada pela Divindade. Por isso somos seres espirituais além de corporais e psíquicos. Espiritual e psiquicamente não somos monoteístas, mas plurais. Temos muitos centros vitais e não apenas um. Nem somos dominados por um deles, seja a razão, seja o poder, seja o desejo, seja o coração. Mas somos perpassados e circundados por muitos; eles fazem a vida humana dinâmica e também dramática. Todos, pois, encontram-se articulados na existência singular de cada pessoa. Através de cada uma dessas energias temos acesso à Energia suprema que habita no universo e no coração humano.

Vamos analisar uma fábula-mito que nos fala da essência humana, de uma forma que atende aos reclamos mais urgentes de nosso tempo. É a fábula-mito do cuidado. É no cuidado que vamos encontrar o *ethos** necessário para a socialidade humana e principalmente para identificar a essência fontal do ser humano, homem e mulher. Quando falamos de *ethos** queremos expressar o conjunto de valores, princípios e inspirações que dão origem a atos e atitudes (as várias morais) que conformarão o habitat comum e a nova sociedade nascente. É urgente um novo *ethos** de cuidado, de sinergia*, de re-ligação, de benevolência, de paz perene para com a Terra, para com a vida, para com a sociedade e para com o destino das pessoas, especialmente das grandes maiorias empobrecidas e condenadas da Terra.

# Bibliografia para aprofundamento

ARENDT, H. *A condição humana.* Rio de Janeiro: Forense Universitária, 1997.

ARAÚJO DE OLIVEIRA, M. *Ética e racionalidade moderna.* São Paulo: Loyola, 1993.

BENHABIB, S. & CORNELL, D. *Feminismo como crítica da modernidade.* Rio de Janeiro: Rosa dos Tempos, 1990.

BOFF, L. *A nossa ressurreição na morte.* Petrópolis: Vozes, 1996.

_____. *O rosto materno de Deus* – Ensaio interdisciplinar sobre o feminino e suas formas religiosas. Petrópolis: Vozes, 1995.

_____. *O destino do homem e do mundo.* Petrópolis: Vozes, 1976.

BOLEN, J.S. *As deusas e a mulher* – Nova psicologia das mulheres. São Paulo: Paulus, 1990.

BUYTENDIJK, J.F.F. *La femme, ses modes d'être, de paraître et d'exister.* Paris: Desclée de Brower, 1967, todo um capítulo dedicado ao cuidado, p. 249s.

CAMPBELL, J. *Todos os nomes da deusa.* Rio de Janeiro: Rosa dos Tempos, 1997.

_____. *As transformações do mito através do tempo.* São Paulo: Cultrix, 1992.

CAPRA, F. *O Tao da física.* São Paulo: Cultrix, 1990.

CAROTENUTO, A. *Eros e pathos.* São Paulo: Paulus, 1994.

CARDOSO, et al. *Os sentidos da paixão.* São Paulo: Companhia das Letras, 1998.

CASSIRER, E. *Ensaio sobre o homem.* São Paulo: Martins Fontes, 1994.

_____. *Antropologia filosófica.* São Paulo: Mestre Jou, 1972.

CHARDIN, P.T. de. *O fenômeno humano*. São Paulo: Cultrix, 1988.

CHARON, J. *O espírito, esse desconhecido*. São Paulo: Melhoramentos, 1990.

COVENY, P. & HIGHFIELD, R. *A flecha do tempo*. Rio de Janeiro: Siciliano, 1992.

CRESPO, J. *História do corpo*. Rio de Janeiro: Bertrand, 1990.

DAVIES, P. *O impacto cósmico*. Lisboa: Edições 70, 1989.

DIRANI, Z.C. *O despertar da mulher é o despertar do homem*. Rio de Janeiro: Espaço e Tempo, 1986.

DUVE, Ch. de. *Poeira vital* – A vida como imperativo cósmico. São Paulo: Companhia das Letras, 1997.

EDINGER, E.F. *O arquétipo cristão*. São Paulo: Cultrix, 1988.

FAROS, F. *A natureza do eros*. São Paulo: Paulus 1998.

FERRIS, T. *O céu da mente* – A inteligência humana num contexto cósmico. São Paulo: Campus, 1993.

FOX, M. *A vinda do Cristo cósmico* – A cura da Mãe-Terra e o surgimento de uma renascença planetária. Rio de Janeiro: Record, 1995.

GALBRAITH, J.K. *A sociedade justa* – Uma perspectiva humana. São Paulo: Campus, 1996.

GIDDENS, A. *A transformação da intimidade* – Sexualidade, amor, erotismo nas sociedades modernas. São Paulo: Editora Unesp, 1993.

GLEICK, J. *Caos. A criação de uma nova ciência*. São Paulo: Campus, 1989.

GLEISER, M. *A dança do universo* – Dos mitos da criação ao big-bang. São Paulo: Companhia das Letras, 1997.

HAWLEY, J. *O redespertar espiritual no trabalho*. Rio de Janeiro: Record, 1997.

HEIDEGGER, M. *Ser e tempo*. Parte I. [Tradução de Márcia de Sá Cavalcante. Petrópolis: Vozes, 1989, todo o sexto capítulo, dedicado à cura-cuidado, parágrafos 39-44, p. 243-300.]

HOLLIS, J. *Rastreando os deuses* – O lugar do mito na vida moderna. São Paulo: Paulus, 1998.

IMBASCIATI, A. *Afeto e representação*. São Paulo: Editora 34, 1998.

JOHNSON, G. *Fogo na mente* – Ciência, fé e a busca da ordem. Rio de Janeiro: Campus, 1997.

LEONARD, G. *Educação e êxtase*. Rio de Janeiro: Summus Editorial, 1988.

MAY, R. *A coragem de criar*. Rio de Janeiro: Nova Fronteira, 1982.

_____. *Eros e repressão, amor e vontade*. Petrópolis: Vozes, 1973, o sentido do cuidado, p. 318-340.

MATOS, L. *Corpo e mente*. Petrópolis: Vozes, 1994.

MATURANA, H. & VARELA, F. *A árvore do conhecimento* – As bases biológicas do entendimento humano. Campinas: Editorial Psy II, 1995.

MERGULIS, L. & SAGAN D. *Micro-cosmos* – Quatro bilhões de anos de evolução microbiana. Lisboa: Edições 70, 1990.

MORIN, E. *O problema epistemológico da complexidade*. Lisboa: Publicações Europa-América, 1985.

NEUMANN, E. *História da origem da consciência*. São Paulo: Cultrix, 1990.

NOVELLO, M. *O círculo do tempo*. Rio de Janeiro: Campus, 1997.

OLIVEIRA, A.B. *A unidade perdida homem-universo* – Uma visão aberta da physis no fim do milênio. Rio de Janeiro: Espaço e Tempo, 1989.

PAULON, E. *John Bowlby num encontro de ciência e ternura, arte e cultura.* Niterói, 1991.

PEARSON, C.S. *O despertar do herói interior.* São Paulo: Pensamento, 1993.

PEGORARO, O. *Ética é justiça.* Petrópolis: Vozes, 1995.

RESTREPO, L.C. *O direito à ternura.* Petrópolis: Vozes, 1998.

SAGAN, C. *Pálido ponto azul.* São Paulo: Companhia das Letras, 1996.

SCHNITTMAN, D.F. (org.). *Novos paradigmas, cultura e subjetividade.* Porto Alegre: Artes Médicas, 1996.

SMART, J.J.C. *Nosso lugar no universo:* uma questão de espaço-tempo. São Paulo: Siciliano, 1991.

TODOROV, T. *As morais da história.* Lisboa: Publicações Europa-América, 1993.

UNGER, N.M. *O encantamento do humano.* São Paulo: Loyola, 1991.

WEBER, R. *Diálogos com cientistas e sábios* – A busca da unidade. São Paulo: Cultrix, 1988.

ZOHAR, D. *O ser quântico.* São Paulo: Best Seller, 1991.

# III

## *A fábula-mito do cuidado*

*A* fábula-mito sobre o cuidado essencial é de origem latina com base grega. Ela ganhou sua expressão literária definitiva pouco antes de Cristo em Roma. Vamos fornecer a versão original latina. Em seguida sua tradução brasileira.

"Cura cum fluvium transiret, videt cretosum lutum sustulitque cogitabunda atque coepit fingere.

Dum deliberat quid iam fecisset, Jovis intervenit. Rogat eum Cura ut det illi spiritum et facile impetrat.

Cui cum vellet Cura nomen ex sese ipsa imponere, Jovis prohibuit suumque nomen ei dandum esse dictitat.

Dum Cura et Jovis disceptant, Tellus surrexit simul suumque nomen esse volt cui corpus praebuerit suum.

Sumpserunt Saturnum iudicem, is sic aecus iudicat:

"Tu Jovis quia spiritum dedisti, in morte spiritum, Tuque Tellus, quia dedisti corpus, corpus recipito, Cura enim quia prima finxit, teneat quamdiu vixerit.

**Sed quae nunc de nomine eius vobis controversia est, Homo vocetur, quia videtur esse factus ex humo" **.**

Eis a versão livre em português:

"Certo dia, ao atravessar um rio, Cuidado viu um pedaço de barro. Logo teve uma ideia inspirada. Tomou um pouco do barro e começou a dar-lhe forma. Enquanto contemplava o que havia feito, apareceu Júpiter.

Cuidado pediu-lhe que soprasse espírito nele. O que Júpiter fez de bom grado.

Quando, porém, Cuidado quis dar um nome à criatura que havia moldado, Júpiter o proibiu. Exigiu que fosse imposto o seu nome.

Enquanto Júpiter e o Cuidado discutiam, surgiu, de repente, a Terra. Quis também ela conferir o seu nome à criatura, pois fora feita de barro, material do corpo da Terra. Originou-se então uma discussão generalizada.

De comum acordo pediram a Saturno que funcionasse como árbitro. Este tomou a seguinte decisão que pareceu justa:

"Você, Júpiter, deu-lhe o espírito; receberá, pois, de volta este espírito por ocasião da morte dessa criatura.

---

** O texto latino é acessível em *Ser e tempo* de Martin Heidegger, vol. I da edição da Vozes de Petrópolis, 1989, p. 263; nossa versão segue um caminho próprio, com pequenas variações daquela de Heidegger.

Você, Terra, deu-lhe o corpo; receberá, portanto, também de volta o seu corpo quando essa criatura morrer.

Mas como você, Cuidado, foi quem, por primeiro, moldou a criatura, ficará sob seus cuidados enquanto ela viver.

E uma vez que entre vocês há acalorada discussão acerca do nome, decido eu: esta criatura será chamada *Homem*, isto é, feita de *húmus*, que significa terra fértil".

É a partir do texto desta fábula-mito que vamos construir nossas reflexões sobre o cuidado. Será visto como a verdadeira essência do ser humano. Antes, porém, vamos conhecer o autor desta inspirada criação literária.

# IV

## *Um escravo genial: Gaius Julius Hyginus*

Os mitos não têm autor. Pertencem à sabedoria comum da humanidade, conservada pelo inconsciente coletivo sob a forma de grandes símbolos, de arquétipos e de figuras exemplares. Em cada geração emerge na consciência sob mil rostos. Por meio deles transmite-se sempre a mesma mensagem essencial. Ilumina caminhos e inspira práticas. No entanto, há momentos em que o mito ganha uma formulação clássica. Hesíodo na Grécia (meados do século VIII a.C.), Ovídio em Roma (43 a.C.-17 d.C.), os Irmãos Grimm na Alemanha (1785-1863) e Luiz da Câmara Cascudo no Brasil (1898-1986) foram alguns desses escribas inspirados.

Assim ocorreu com a fábula-mito do cuidado essencial, também conhecida como "a fábula de Higino*". Como asseveramos, o importante não é o autor da narrativa do mito, mas a sua significação. Apesar disso, não deixa de ser interessante conhecer quem foi Higino e porque ele mesmo se transformou numa figura-mito.

# 1 A saga de Higino

Seu nome completo é: Gaius Julius Hyginus**. Atentemos para o contexto de seu aparecimento.

Corria o ano 44 antes de Cristo. Caio Júlio César (100-44 a.C.), famoso general, cônsul e fundador da dinastia dos Césares romanos foi assassinado em pleno Senado por seu filho adotivo Brutus. Para sucedê-lo, criou-se um triunvirato, constituído por três cônsules: seu neto adotivo Caio Júlio César Otávio (63 a.C.-14 d.C.), Marco Antônio (83-30 a.C.) e Marcos Emílio Lépido (falecido no ano 12 a.C.).

Os três logo se desentenderam. Cada um disputava o poder absoluto. Otávio, mais hábil e astuto, venceu seus dois concorrentes. No ano 27 antes de Cristo fez-se proclamar imperador, apropiando-se do título Augustus, até então somente reservado aos deuses. A partir de então se chamou César Augusto. Foi sob seu império que nasceu Jesus Cristo, fato que para nós cristãos não é destituído de importância.

No ano 47 antes de nossa era, ainda em plena disputa pelo poder, Otávio entrara, vitorioso, em Alexandria, grande cidade no norte do Egito, famosa por sua cultura, por suas escolas filosóficas e por suas bibliotecas. Foi nessa ocasião

---

** Os dados mais seguros sobre Gaius Julius Hyginus encontram-se em *Paulys Realencyclopediae der classischen Altertumswissenschaft*, vol. 19, Stuttgart, 1918 colunas 628-651.

que encontrou Higino, jovem brilhante por sua inteligência e por sua vasta cultura, não obstante seus 22 anos. Fascinado, decidiu levá-lo consigo para Roma.

Como soía acontecer naquele tempo, todo general vencedor podia tomar como escravos as pessoas que despertassem seu interesse. Seus escravos eram muitas vezes preceptores dos filhos em língua e cultura gregas. Como sinal público da posse, impunham-lhes seu próprio nome. Foi assim com Higino. Passou a ser chamado Caio Júlio Higino, embora historicamente seja conhecido simplesmente como Higino.

Em Roma, passado algum tempo, Augusto o libertou. Manteve-o, entretanto, a seu serviço. Encaminhou-o à melhor escola da época, dirigida por Alexandre Polihistor, antigo escravo de Alexandria, também ele liberto. Este era diretor da famosa Biblioteca Palatina fundada por Augusto no ano 28 a.C.

As bibliotecas na Antiguidade eram mais que nossas bibliotecas atuais. Equivaliam às fundações culturais ou às academias dos dias de hoje. Nelas não havia apenas livros, mas cursos de todo tipo, desde teologia, história, botânica até astrologia. Lá se davam frequentes disputas filosóficas e se realizavam encontros de intelectuais, de poetas e de historiadores.

Nesse ambiente de efervescência cultural, Higino fez brilhante carreira. Entusiasmado com seu antigo escravo, César

Augusto, que tudo acompanhava, confiou-lhe a Biblioteca Apollinis. Isso significava que Higino podia abrir seus próprios cursos e organizar a atividade intelectual em contato direto com os melhores espíritos da época e com os muitos livros da biblioteca. Tinha então apenas 30 anos.

Com a morte de Alexandre Polihistor, César Augusto o nomeou diretor da biblioteca central, isto é, da Biblioteca Palatina. A partir daí, por mais de 40 anos animou toda a vida cultural de Roma. Conta-se que com a idade de 70 anos ainda trabalhava.

O grande poeta Ovídio (43 a.C.-17 d.C.) era seu amigo íntimo. O próprio Virgílio (70 a.C.-19 d.C.), considerado o maior poeta latino, foi seu aluno.

Segundo os historiadores, Higino morreu pobre no ano 10 de nossa era, pois não sabia administrar bem seus negócios. Ovídio, em solidariedade à sua desdita, dedicou-lhe uma ode com o título "Tristia Hygin" que significa "Os insucessos de Higino".

## 2 A obra de Higino

Higino aproveitou os contatos e as fontes da biblioteca para escrever uma obra numerosa. Produziu textos teológicos sobre as características dos deuses (*De proprietatibus deorum*), especialmente sobre os deuses familiares (*De dis penatibus*). Especializou-se em biografias. Publicou seis tomos sobre a vida e as obras de pessoas ilustres do mundo e de Roma (*De vita rebusque illustrium* virorum e *De viribus illustribus urbis Romae*). Dedicou-se também à ecologia e fez minuciosas descrições geográficas sobre as cidades itálicas (*De situ urbium Italicorum*) e sobre a agricultura. Escreveu a primeira monografia conhecida sobre as abelhas (*De apibus*). Discorreu sobre astronomia e astrologia (*De mundi et sphaerae; De signorum coelestium historiis; De astrologia*). Como se depreende, um homem inquieto e de múltiplos interesses intelectuais.

Sua obra principal que nos interessa diretamente chama-se: *Fábulas ou genealogias* (*Fabulae seu Genealogiae*). Trata-se da recopilação de 300 legendas, histórias e mitos da tradição grega e latina. Obra imensa, porém desigual. Contém materiais das mais diversas procedências, com estilos diferentes; encerra até contradições. Isso fez pensar que o livro das fábulas não fosse exclusivamente de Higino. Culto e refinado como era, pensava-se, não teria incorrido em erros e em contradições manifestas. Estas corriam por conta de outras mãos que teriam interferido no texto.

Outros, entretanto, tiveram interpretações diferentes: Higino teria respeitado os materiais assim como os encontrara. Apenas ordenou-os. Alguns, sim, foram retrabalhados por ele com esmero e estética, pois nisso era mestre refinado.

É o que parece ter ocorrido com a fábula-mito de número 220 que acabamos de transcrever. Sua origem seria grega, reelaborada, entretanto, por Higino nos termos da cultura romana. Tornou-se concisa e de grande beleza literária.

A seguir procuraremos analisar aspectos antropológicos, filosóficos e éticos do relato.

# V

## *A explicação da fábula-mito do cuidado*

*E*xpliquemos agora os figurantes desta bela fábula-mito. Tal diligência nos fornecerá elementos básicos para iluminar a essência humana e fundamentar o *ethos*\* para um novo tempo.

### 1 O que é uma fábula? O que é um mito?

Antes de mais nada deixemos claro o que entendemos por fábula e por mito.

*Fábula* é uma narrativa imaginária cujos personagens são, em geral, animais, plantas ou a personificação de qualidades, virtudes e vícios, com o objetivo de transmitir lições morais ou tornar concreta uma verdade abstrata. Conhecidas são as fábulas de La Fontaine (1621-1695) como, por exemplo, a da raposa e das uvas.

No nosso caso, Higino\* personifica a dimensão "cuidado". "Cuidado" passeia pela praia, observa o pedaço de barro, põe-se a imaginar e acaba moldando um boneco de argila. Discute com Júpiter e com a Terra. Acata a sentença de Saturno.

Essa fábula é urdida com figuras mitológicas greco-latinas de grande significação simbólica, como Júpiter, Terra e Saturno. Em razão disso chamamos essa fábula de fábula-mito. O que é, então, um mito?

*Mito* é algo muito complexo pelas ambiguidades que encerra. Na linguagem comum da comunicação de massa, mito pode veicular uma visão reducionista, ocultadora e interesseira da realidade. Equivale, então, à ideologia. Mito designa, portanto, clichês ou crenças coletivos acerca de temas relevantes (pessoas, situações, acontecimentos) que circulam na cultura. Assim se fala do "mito do bom selvagem", do "mito do sexo frágil" ou do "mito do negro preguiçoso".

Com essas expressões se quer transmitir a crença de que o indígena é um selvagem sempre bom como um ser natural e não contaminado pela cultura; essa compreensão representa um clichê reducionista, porque o indígena tem cultura, intervém, a seu modo, na natureza e como outros seres sociais tem sua dimensão sim-bólica e dia-bólica.

A cultura patriarcal qualificou de fraca a mulher e forjou o mito do sexo frágil, o que não é verdade. A mulher tem a sua forma de ser forte. Neste caso o que conta não é tanto a força muscular. No trato com os filhos, desde sua gestação, nas crises de passagem e no seu acompanhamento ao largo da vida, especialmente na condução da complexidade de uma casa e na capacidade de suportar sofrimentos e suplantar obstáculos, ela mostra uma força e uma pertinácia que deixa o homem longe para trás. Em muitos aspectos a mulher é o sexo forte e o homem o sexo fraco.

A acusação de que o negro é preguiçoso, além de ser inverdade, é calúnia. Quase tudo que se construiu nos países escravagistas como o Brasil, a Colômbia, o Caribe e o Sul dos Estados Unidos veio da mão de obra negra escrava. Os negros mostraram grande diligência, apesar de serem tratados como "peças", carvão a ser consumido na máquina da produção. Ademais foi o grupo que possivelmente mais impregnou de valores a cultura brasileira e norte-americana com elementos que vão da culinária, da música, da linguagem até à doçura nas relações e ao misticismo. Eles, embora escravos, foram agentes civilizadores.

Mito, para outros, equivale à mera fantasia ou a uma interpretação distorcida da realidade. Mito se oporia, então, a realidade. Assim, por exemplo, os propalados efeitos positivos dos adoçantes artificiais sobre o organismo são, para os nutricionistas sérios, um mito e não uma realidade. Se por um lado não possuem calorias, por outro aceleram o processo de desgaste dos neurônios, abrindo caminho para a aceleração da esclerose. Assim se diz também que alguém é acometido de mitomania. Quer dizer, tem a mania de inventar "mitos", acontecimentos fictícios, factoides, ou mania de projetar interpretações mirabolantes da realidade.

Não assumimos essas acepções, pois elas não nos ajudam a entender o fenômeno que queremos analisar. Por isso, as ciências modernas criticam tais acepções; conferem ao mito um significado altamente positivo, especialmente na filosofia, antropologia, psicologia do profundo e na teologia contemporânea.

A escola psicanalítica junguiana afirma, por exemplo, que certa pessoa virou mito quando viveu uma biografia (um relato existencial ou saga) com tal densidade que muitos se reencontram a si mesmos nela ou por ela veem realizados ideais e sonhos ancestrais. Semelhantemente fala-se do mito futebolístico de Pelé, do mito cinematográfico de Charles Chaplin, do mito midiológico da princesa Diana, do mito ético-político de Mahatma Gandhi e do mito profético-religioso de Dom Hélder Câmara ou de Luther King Jr. Tais pessoas se transformam em símbolos poderosos, quer dizer, mitos, capazes de cristalizar energias coletivas, falar ao profundo das pessoas e mobilizar multidões.

Mais ainda. A antropologia e a filosofia das formas simbólicas nos convenceram de que o mito constitui uma forma autônoma de pensamento, diferente da razão. É tão legítima como qualquer outra. Constitui uma expressão da inteligência emocional, distinta da inteligência funcional. Esta informa sobre objetos; é utilitária, calculadora e instrumental; é a arma da ciência e da técnica, imprescindível ao funcionamento da vida no seu dia a dia. Aquela, a inteligência emocional, utiliza imagens, símbolos, parábolas, contos e mitos para evocar sentimentos profundos, expressar o que dá sentido e valor ao ser humano. Ela toca o coração e provoca emoções. Os poetas, os mestres religiosos e espirituais como Jesus, Isaías, Maomé, Buda, o místico sufi Rumi, o Papa João XXIII, Dalai Lama e outros utilizam a inteligência emocional. Assim fazem também os meios de comunicação modernos, especialmente as estratégias de marketing e propaganda.

Normalmente o mito se comunica mediante narrativas que utilizam símbolos e representações poderosas, como deuses e deusas, confrontos entre o céu e a terra para expressar situações ou histórias verdadeiras, carregadas de dramaticidade e significação, vividas, desde sempre, pela humanidade. Ou procuram explicar o surgimento de realidades que, para certas comunidades, têm especial significação e valor, como o nome de um lugar, a importância de um certo animal, de uma montanha ou de certo comportamento exemplar, para o bem ou para o mal. O mito configura sempre representações da consciência coletiva, ditas e reditas em cada geração.

Bem dizia Joseph Campbell, mestre contemporâneo da compreensão dos mitos: "Os sonhos são mitos privados; os mitos são sonhos partilhados". Não sem razão, o fundador da psicologia das profundezas Carl Gustav Jung (1875-1961) entendia os mitos como conscientização de arquétipos do inconsciente coletivo. Explicando: os mitos representam a emergência de imagens das grandes experiências, de sonhos e temores (arquétipos) que a humanidade elaborou historicamente em seu longo processo de individualização. Eles emergem na consciência das pessoas e das coletividades. Conhecem metamorfoses que desdobram virtualidades escondidas, garantindo-lhes atualidade histórica. Eles ajudam a entender a universalidade de certas experiências e apontam para as várias travessias que caracterizam a aventura humana.

## 2 Exemplos de mitos e fábulas exemplares

Para ilustrar essas reflexões teóricas nada melhor do que fornecer dois exemplos concretos de mito no sentido que explanamos acima, um dos gregos e outro dos povos da floresta brasileira.

Conhecido é o mito grego de Eros, deus do amor. Notoriamente o amor é a força mais originária do universo. Segundo o mito, o amor é anterior ao céu e à terra. Em sua versão mais antiga, Eros nasceu do Caos e da Noite. Portanto, de uma realidade anterior e mais originária. A Noite pôs um ovo fecundado. Dele nasceu Eros, o amor. Das duas metades da casca, nasceram o Céu (Urano) e a Terra (Geia). Por força de Eros, o Céu e a Terra se apaixonaram, se uniram e geraram as diversas coisas existentes no mundo. Essas coisas, por sua vez, também se atraem e se amam. Buscam unir-se pelo amor. Eros, pois, é responsável pela diversidade (céu e terra e todas as coisas) e, ao mesmo tempo, pela unidade de todas as coisas (atração que tudo, pessoas e coisas sentem umas pelas outras).

Belíssimo é também o mito tupi da mandioca, alimento básico de várias culturas indígenas. Conta-se que um dia, certo cacique ganhou uma linda netinha. Sua pele era branca como a nuvem mais branca. Mandi era seu nome. Todos ficaram intrigados e amedrontados quando viram a cor da pele de Mandi. Na tribo os olhares se cruzavam comparando o castanho-dourado de suas peles com a alvura da linda menina. E acreditaram que o fato significava um triste presságio. Pediram, então, ao cacique, sem meias-palavras, que fizesse desaparecer sua netinha. Ele, no entanto, cheio de amor e compaixão, foi protelando tal crueldade dia após dia. Até que no silêncio de uma certa noite, ainda de madrugada, foi ao rio, levando a netinha. Lavou-a cuidadosamente. No dia que se seguiu, reuniu a tribo e disse com voz forte para não tolerar objeções: os espíritos recomendaram que Mandi fique entre nós e que seja bem tratada por todos da tribo. Os índios, ainda em dúvida, obedeceram e acabaram se resignando. Com o passar do tempo, Mandi foi crescendo com tanta graça que todos esqueceram o mau presságio e acabaram por ser cativados por ela. O cacique estava orgulhoso e feliz. Mas um dia, inesperadamente, Mandi morreu. Os pais, sabendo o quanto o avô-cacique a amava, enterraram-na em sua maloca. Mas ele, inconsolável, fechou-se em sua dor e nada fazia senão chorar. Chorava dia e noite sobre a tumba de sua querida Mandi. Tantas e tantas foram as lágrimas que do chão brotou uma plantinha. Os pássaros vinham bicá-la e ficavam inebriados. Conta o mito que, um dia, a terra se abriu para deixar à mostra as belas raízes da planta, nascida do pranto do avô. Os índios, respeitosos, as colheram e logo viram que eram branquíssimas como a pele de Mandi. E, ao comê-las, perceberam que eram deliciosas. E assim foi que aquelas raízes se fizeram o principal alimento dos índios tupi. Chamaram então as raízes de Mandioca que significa "o corpo de Mandi".

Como se depreende destes dois exemplos, o mito quer expressar valores de grande irradiação que não podem ser adequadamente expressos por conceitos. Criam-se, então, estórias. Estórias são narrativas carregadas de emoção, de símbolos e representações, para dar razões ao mistério do amor e à importância da mandioca na dieta dos povos da floresta. Eis a riqueza do mito. Cada um se encontra a si mesmo nos grandes mitos ou encontra razões para realidades tão fundamentais como o amor e a comida.

Algo parecido ocorre com o cuidado. O cuidado é tão importante para a vida humana e para a preservação de todo tipo de vida, que deu origem a uma fábula-mito. Foi personalizado, virou um ser concreto. Como tal, o cuidado molda a argila. Conversa com o céu (Júpiter) e a terra (Tellus). Convoca a autoridade suprema do deus do céu e da terra que fundou a Idade de Ouro e a utopia absoluta do ser humano (Saturno). A fábula-mito do cuidado elaborada por Higino quer explicar o sentido do cuidado para a vida humana. No seu surgimento atuaram as forças universais mais importantes: o céu (Júpiter), a terra (Tellus), a história e a utopia (Saturno).

Ela recolhe ainda uma experiência testemunhada em muitas culturas do Ocidente e do Oriente: a criação do ser humano a partir do barro da terra, plasmado a partir do húmus que significa terra fértil. De húmus deriva seu nome: homem, filho e filha da terra fecunda (húmus), como o relato bem o diz. Algo semelhante sinalizam os dois primeiros capítulos do Gênesis: Adão é feito do barro da terra. A palavra hebraica para terra é *Adamah*. De *Adamah* vem *Adam* que significa o filho e a filha da terra.

A fábula-mito testemunha também que o ser humano não pode ser interpretado apenas a partir da terra (Tellus). Ele possui algo do céu, do divino (Júpiter). Por isso, o relato conta que esse barro não permaneceu inerte. Recebeu da divindade o princípio de vida, o espírito. Só então é realmente ser humano completo. É Júpiter, a divindade suprema, que lhe infunde espiritualidade. Cabe perguntar para melhor compreender: Quem é Júpiter? Quem é Tellus?

## 3 A dimensão céu: Júpiter

Júpiter é a divindade central da religião romana. É o deus criador do céu e da terra, dos deuses e dos seres humanos. Talvez a filologia da palavra Júpiter nos desvende a experiência que seu nome oculta. Por detrás da palavra Júpiter se esconde a partícula *Jou* provinda do sânscrito *dew* que significa luz, brilho e claridade. *Piter*, presente em Júpiter é a fórmula antiga de *pater*, pai. Júpiter significa então o pai e o senhor da luz. Da raiz sânscrita *dyew* subjacente à lingua grega, latina, germânica, céltica e lituana, proveio Deus e dia. Deus neste contexto remete a uma experiência de luz. A luz com seu brilho e calor constitui uma das experiências fontais da psique. Ela corporifica o sentido e a alegria de viver, de discernir na multidão o rosto da pessoa amada, de ver o esplendor da natureza e das estrelas, de identificar um caminho e de livrar-se da angústia da escuridão e da errância. Desejar um "bom-dia" a alguém significa, originariamente, desejar-lhe um bom deus e muita luz em seu caminho. Quem guarda hoje em dia ainda essa memória sagrada, presente numa expressão tão corriqueira como "bom-dia"?

Júpiter se manisfestava na vivência religiosa dos romanos pelo resplendor do dia e também pelos raios, relâmpagos e trovões nas tempestades (Júpiter tonante). Foi neste contexto que Júpiter se sincretizou com Zeus, o deus maior do panteão grego, pois possuía a mesma significação. O nome

Zeus deriva também do sânscrito *dyew pitar* ou também *dyaus pitar* significando o pai do céu luminoso e do dia ensolarado.

A agricultura depende em muito da luz e dos fenômenos atmosféricos como do frio e do calor, da chuva e do vento. Por isso Júpiter era venerado como o protetor e promotor da agricultura. Da agricultura, ontem como hoje, provém a alimentação para a vida. Júpiter tem a ver com a produção e reprodução do mistério da vida. E era assim venerado como a divindade central.

Como representava o deus supremo, os imperadores romanos se colocavam sob sua proteção. Ou pretendiam até representar seu poder, sua justiça, seu direito. Alguns sentiam-se, como Augusto (63 a.C.-14 d.C.) e ironicamente Nero (37-68), a encarnação do deus Júpiter.

Quando Júpiter aparece na fábula-mito, vem apresentado como o criador e doador de vida e de espírito. Ele configura a plenitude da divindade, quer dizer, da dimensão transcendente da realidade.

## 4 A dimensão terra: Tellus/Terra

Na fábula-mito de Higino ganha especial importância a deusa Tellus/Terra. Em todas as culturas, também na tradição greco-romana, a Terra constitui um dos mitos centrais. Ela recebe muitos nomes: Gaia/Tellus, Deméter/Ceres, Héstia/Vesta, como logo explicaremos a seguir.

Importa, antes de mais nada, constatar que nos mais antigos testemunhos do período Paleolítico, quando vigorava o matriarcado*, portanto há mais de 40 séculos, representava-se o universo como uma grande mãe, *Mater Mundi*. Ela, por si mesma e sem concurso de ninguém, gerava tudo: os céus, os deuses, os seres humanos e todos os demais entes da natureza. A cabeça deste organismo vivo era figurado pelo céu estrelado; o busto, pela terra onde se encontra a vida humana; e embaixo, pelo *anus mundi* (o ânus do mundo), o lugar do inferno.

Num estágio posterior, sob a égide do patriarcado, a partir do Neolítico, portanto 10 mil anos atrás, elabora-se uma representação mais reduzida. A Terra não é mais sentida como a realidade total. Ela é uma parte da realidade junto com a outra, o céu. Representa a Grande Mãe (Magna Mater, *Bona Mater*) aqui embaixo, esposa do Grande Pai lá em cima no céu. Como toda mãe humana, ela gera, nutre, defende e continuamente dá vida. Sempre se compõe e contrapõe à outra parte do todo, ao Pai do Céu (*Pater Coelorum*). Mas do casamento entre o céu e a terra se originam todas as coisas. O céu representa o princípio masculino, o sêmen, a semente e o elemento organizador. A terra, o princípio feminino, o útero que recebe o sêmen, o elemento acolhedor. Ambos, à sua maneira, são princípios ativos.

Três figuras mitológicas representavam, no imaginário greco-romano que subjaz à nossa cultura ocidental, o mistério da Terra: na versão grega, Gaia, Deméter e Héstia e seus correspondentes romanos, Tellus, Ceres e Vesta. Eles têm a ver com experiências que nós também fazemos hoje.

Gaia/Tellus (ou também Geia, combinação de gê = terra e *aîa* = grande, donde resultou a corruptela Gaia ou Geia), a Grande Mãe, representava o planeta Terra como um todo vivo e produtor de vida.

Deméter/Ceres representava a parte cultivada da terra. Aqui entra a colaboração humana com o trabalho e a arte do cultivo. Era a deusa das sementeiras. De Ceres nos vem a palavra cereais.

Por fim, Héstia/Vesta simbolizava aquela parte da terra que reservamos e delimitamos para construir o lar humano. Em toda casa romana havia no centro o fogo que ardia dia e noite. Era o sinal de Héstia, de que na casa havia vida, aconchego e acolhida.

Gaia/Tellus, Deméter/Ceres e Héstia/Vesta eram as referências afetivas pelas quais os gregos e os romanos elaboravam sua ecologia, vale dizer, seu relacionamento reverente com o meio ambiente. Tudo era carregado de respeito e veneração, pois viam as coisas não como simples seres inertes, mas cheios de irradiação e de significado. A Terra, nas várias expressões de Grande Mãe, de terra cultivada e de lar, era sentida como um organismo vivo. Ele não pode ser violado e depredado. Caso contrário se vinga através de tempestades, raios, secas, incêndios, terremotos e vulcões.

O ser humano mantinha uma relação de veneração e de temor face à Mãe-Terra. Esse sentimento nunca se perdeu totalmente na humanidade. Sempre houve espíritos sensíveis à magia e ao encantamento da natureza, mesmo na época da ciência moderna que dessacralizou o mundo e o reduziu a um baú de recursos a serem explorados pela tecnologia. Nos dias atuais esse sentimento ressurge a partir das assim chamadas ciências da Terra. Elas tendem também a ver mais e mais a Terra como Gaia*, um superorganismo vivo, altamente organizado e com um equilíbrio sutil, sempre frágil e sempre por refazer. Tal é a teoria de Gaia, proposta pelo cientista da Nasa, James Lovelock, como uma nova (na verdade, antiga) forma de ver a Terra, qual organismo vivo. A partir de dados científicos e empíricos ele e outros querem expressar o mesmo que os mitos originários expressavam por via da intuição e da comunhão: a Terra é viva e produz todas as formas de vida.

Na fábula-mito de Higino* a Terra surge reivindicando sua mais alta ancestralidade. Ela forneceu a Cuidado o material donde moldou o ser humano, a argila. A deusa Terra-Tellus representa a dimensão-terra, a perspectiva imanente da realidade.

## 5 A dimensão história e utopia: Saturno

Por fim, para pôr termo ao conflito entre o céu (Júpiter) e a terra (Tellus), é convocado Saturno. Quem é ele? Por que exatamente Saturno e não outro deus? Não é Júpiter, o deus supremo? Supõe-se que Saturno está acima do próprio Júpiter, pois deve mediar na disputa em que Júpiter está envolvido. Efetivamente assim é, como logo veremos.

O mito de Saturno é um dos mais complexos da mitologia antiga. Nele se sincretizam e se sobrepõem muitas vertentes mitológicas, itálicas, etruscas, gregas, órfico-pitagóricas e romanas. Esta complexidade revela sua profunda significação para o entendimento da vida humana. Aqui ressaltamos apenas aqueles aspectos que interessam à fábula-mito de Higino.

Uma primeira indicação de seu significado original deriva do próprio nome Saturno. Vem de *satus* que significa semeado, do verbo *serere*, semear e plantar. Saturno é o deus das sementeiras e da agricultura, deus tipicamente itálico e mediterrâneo. Sua importância traduz-se pela maior de todas as festas romanas, as *Saturnais*. Eram um verdadeiro carnaval. Tudo parava: os trabalhos, as escolas, os tribunais, a aplicação das penas. O que normalmente nos outros dias era proibido, na semana das Saturnais era permitido. Nas festas saturnais invertiam-se os papéis: os escravos se vestiam de senhores e estes os serviam. Comendo, bebendo, dançando e cantando se organizavam desfiles carnavalescos sob a batuta do *Rei Saturnalício* (*princeps saturnalicius*), verdadeiro Rei Momo, escolhido anualmente.

Antecipava-se a grande utopia política da humanidade: o encontro, pelo caminho da festa e do inconsciente coletivo, com o mito da Idade de Ouro e do paraíso perdido. Segundo esse mito, originalmente não havia classes, nem leis, nem crimes, nem prisões; todos viviam em plena liberdade, em justiça, paz, superabundância e alegria, como irmãos e irmãs em casa. Essa memória bem-aventurada nunca foi perdida na consciência da humanidade, até os dias de hoje – seja projetada no passado, a ser resgatada, seja no futuro, a ser construída. Essa utopia mobiliza movimentos, cria ideologias e alimenta o imaginário dos seres humanos que não se cansam de sonhar com um futuro reconciliado e integrado da sociedade humana. Uma sociedade e os cidadãos não podem viver sem uma utopia. Caso contrário, fazem-se vítimas de portadores mesquinhos de poder que dele fazem uso em benefício próprio, sem perspectivas de bem-estar para todos. O deus Saturno incorporava todos esses valores. E eram celebrados numa festa que rememorava a Idade de Ouro. Os carnavais modernos, especialmente no Brasil, guardam ainda essa memória antiga.

Por causa destas festas, o deus Saturno dos romanos foi sincretizado com o deus Crono dos gregos. Crono era o deus antigo da utopia originária da sociedade feliz. Para Crono celebravam-se também festas com o mesmo sentido de resgate da Idade de Ouro, de liberdade, de igualdade fraterna e de inversão de papéis. Eram as *Cronia,* equivalentes às *Saturnália.* Crono/Saturno era o deus antigo, anterior a Júpiter; foi o primeiro rei dos deuses, senhor do céu e da terra. Reinava nas Ilhas Fortunas. Aí viviam os bem-aventurados num reino de paz, de justiça, de jovialidade e de abundância: a Idade de Ouro na qual os rios eram de leite e de néctar e onde a terra produzia tudo sem trabalho e suor dos camponeses. Essa Idade de Ouro é cantada pelo poeta romano Ovídio (43 a.C.-17 d.C.) como "a primavera eterna onde os ventos com seu hálito suave acariciavam as flores nascidas sem precisar de semente".

O mito da Idade de Ouro, presidida por Crono/Saturno, representa a utopia maior, o ideal da humanidade socialmente integrada. Como tal foi assumida pelo filósofo Platão em sua compreensão da política e das leis. Somente seres superiores e divinos como Crono/Saturno, pensava Platão, evitam o despotismo inerente aos portadores humanos de poder e garantem a felicidade da espécie humana. Crono-Saturno é o arquétipo do governante sábio, do legislador justo e do rei magnânimo.

Depois de Crono/Saturno veio a separação entre os deuses e deusas no céu e os seres humanos na terra, a ordem social hierarquizada, surgiram as classes, a luta pelo poder e a história conturbada dos tempos de paz e de guerra: a Idade de Ferro e de Bronze.

A ancestralidade de Saturno/Crono o colocava fora da concorrência com Júpiter/Zeus. É por esse título de deus antigo, sábio e justo, o deus do tempo e da utopia, reinando para além de qualquer conflito, na Idade de Ouro, que ele foi convocado para dirimir a questão entre a Terra (Tellus) e o Céu (Júpiter) a propósito do nome a ser dado ao ser humano.

Há um outro elemento que possivelmente ressoa na fábula-mito do cuidado essencial: a identificação de Saturno-Crono com o tempo. De fato Chrono com *h* significa, em grego, tempo. Essa semelhança das palavras Crono e Chrono fez com que o deus Crono personalizasse o tempo. Saturno, identificado com Crono, passou também a simbolizar o tempo. O deus Crono/Saturno assume, então, o papel que o tempo possui: tudo cria, tudo ceifa, tudo devora; a ele tudo está submetido; é soberano sobre o destino das pessoas. Isto significa que o ser humano se encontra enredado no tempo; está lançado na duração temporal; é um ser histórico que tem passado, presente e futuro e que constrói sua identidade no percurso do tempo, animado por uma utopia de integração, a Idade de Ouro.

O ser humano é, simultaneamente, utópico e histórico-temporal. Ele carrega em si a dimensão Saturno junto com o impulso para o céu, para a transcendência, para o voo da águia (Júpiter). Nele se revela também o peso da terra, da imanência, o ciscar da galinha (Tellus). É pelo cuidado que ele mantém essas polaridades unidas e faz delas material da construção de sua existência no mundo e na história. Por isso o cuidado é cuidado essencial.

## Bibliografia para aprofundamento

BALDUS, H. *Lendas dos índios brasileiros*. São Paulo: Brasiliense, 1946.

BOLEN, J.S. *As deusas e a mulher*. São Paulo: Paulus, 1990.

BRANDÃO, J. de Souza. *Mitologia grega I-III*. Petrópolis: Vozes, 1995.

_____. *Dicionário mítico-etimológico da mitologia e da religião romana*. Petrópolis/Brasília: Vozes-UNB, 1993.

_____. *Dicionário mítico-etimológico da mitologia grega*. Petrópolis: Vozes, 1991.

BRUNEL, P. *Dicionário de mitos literários*. Rio de Janeiro: José Olympio, 1997.

CAMPBELL, J. *As transformações do mito através do tempo*. São Paulo: Cultrix, 1993.

CAMPBELL, J. *O herói de mil faces*. São Paulo: Cultrix, 1993.

CASSIRER, E. *Linguagem e mito*. São Paulo: Perspectiva, 1992.

COSTA e SILVA. *Lendas do índio brasileiro*. Belém: Biblioteca A. Vianna [editado no Rio de Janeiro em 1957].

CHEVALIER, J. & GHEERBRANT, A. *Dicionário de símbolos*. Rio de Janeiro: José Olympio, 1998.

HOLLIS, J. *Rastreando os deuses* – O lugar do mito na vida moderna. São Paulo: Paulus, 1998.

JAEGER, W. *Paideia, a formação do homem grego*. São Paulo: Martins Fontes e UNB de Brasília, 1989.

KURY, M.G. *Dicionário de mitologia grega e romana*. Rio de Janeiro: Zahar, 1997.

LESKY, A. *A tragédia grega*. São Paulo: Perspectiva, 1972.

PARIS, G. *Meditações pagãs* – Os mundos de Afrodite, Ártemis e Héstia. Petrópolis: Vozes, 1994.

PATAI, R. *O mito e o homem moderno*. São Paulo: Cultrix, 1974.

PEARSON, C.S. *O despertar do herói interior*. São Paulo: Pensamento, 1993.

WOOLGER, J.B. & WOOLGER, R.J. *A deusa interior* – Um guia para os eternos mitos femininos que moldam nossas vidas. São Paulo: Cultrix, 1997.

# VI

## *Dimensões do cuidado*

*D*epois de levantar os dados mais seguros acerca dos figurantes da fábula-mito do cuidado e decifrar o que se oculta atrás deles, importa aprofundá-los existencialmente. O que se esconde, em termos de experiência de vida e de sentido, por detrás das figuras Júpiter, Terra e Saturno?

Já o acenamos antes, mas agora tentaremos identificar seus conteúdos com mais detalhe: não se trata de seres autônomos como se fossem subsistentes e independentes de nós. Eles existem apenas como metáforas para expressar dimensões profundas do humano, difíceis de serem traduzidas na simples linguagem conceitual.

São também denominados centros energético-espirituais ou arquétipos seminais que estruturam a vida em sua realização histórico-social.

Outros preferem dizer que são concentrações privilegiadas do Espírito universal. Este enche o universo de razão e de propósito e faz de nós humanos órgãos de sua aparição e comunicação no tempo.

Seja como for, digamos logo no início: essas energias espirituais, essas condensações da profundidade humana, esses arquétipos* ancestrais, por mais metafóricos que sejam, nunca perdem sua conexão com certo conteúdo histórico-social. Não são apenas projeções de nosso imaginário sem raízes na realidade. Nem são simples matrizes mentais, como tendem a interpretá-los alguns representantes da tradição psicanalítica. Na verdade, são as duas coisas. Tais realidades lançam suas raízes nas experiências ancestrais, comunitárias e sociopolíticas da humanidade. Aí se formaram e se estruturaram. E foram depositadas no inconsciente coletivo onde vivem. Por outro lado, elas se atualizam continuamente na medida em que se confrontam com realidades históricas novas. Formam sínteses entre a arqueologia exterior (objetividade relacionada) e a arqueologia interior (subjetividade religada). Daí deriva sua alta significação interpretativa e crítica para os dias atuais.

Em termos concretos e não figurativos: o que queremos dizer quando falamos de Júpiter, Terra e Saturno?

## 1 Terra: a dimensão material e terrenal da existência

Vamos enfocar primeiramente a Terra. O ser humano, nas várias culturas e fases históricas, revelou essa intuição segura: pertencemos à Terra; somos filhos e filhas da Terra; somos Terra. Daí que homem vem de húmus. Viemos da Terra e a ela voltaremos. A Terra não está à nossa frente como algo distinto de nós mesmos. Temos a Terra dentro de nós. Somos a própria Terra que na sua evolução chegou ao estágio de sentimento, de compreensão, de vontade, de responsabilidade e de veneração. Numa palavra: somos a Terra no seu momento de autorrealização e de autoconsciência.

Inicialmente não há, pois, distância entre nós e a Terra. Formamos uma mesma realidade complexa, diversa e única. Foi o que testemunharam os vários astronautas, os primeiros a contemplar a Terra de fora da Terra. Disseram-no enfaticamente: daqui da Lua ou a bordo de nossas naves espaciais não notamos diferença entre Terra e humanidade, entre negros e brancos, democratas ou socialistas, ricos e pobres. Humanidade e Terra formamos uma única realidade esplêndida, reluzente e, ao mesmo tempo, frágil e cheia de vigor. Esta percepção não é ilusória. É radicalmente verdadeira.

Dito em termos da moderna cosmologia*: somos formados com as mesmas energias, com os mesmos elementos físico-químicos, dentro da mesma rede de relações de tudo com tudo que atuam há 15 bilhões de anos, desde que o universo, dentro de uma incomensurável instabilidade (*big-bang* = inflação e explosão), emergiu na forma que hoje conhecemos. Conhecendo um pouco esta história do universo e da Terra, estamos conhecendo a nós mesmos e a nossa ancestralidade.

*a) O teatro cósmico*

Cinco grandes atos estruturam o teatro universal no qual somos coatores.

O primeiro é o *cósmico*: irrompeu o universo ainda em processo de expansão; na medida em que se expande, se autocria e se diversifica. Nós estávamos lá nas probabilidades contidas nesse processo.

O segundo é o *químico*: no seio das grandes estrelas vermelhas, os primeiros corpos a se densificar se formaram há pelo menos 10 bilhões de anos todos os elementos pesados que hoje constituem cada um dos seres, como o oxigênio, o carbono, o silício, o nitrogênio entre outros. Com sua explosão, tais elementos se espalharam por todo o espaço e constituíram as galáxias, as estrelas, a Terra, os planetas e os satélites da atual fase do universo. E esses elementos químicos circulam por todo o nosso corpo, sangue e cérebro.

O terceiro ato é o *biológico*: da matéria que se complexifica e se enrola sobre si mesma, num processo chamado *autopoiese** (autocriação e auto-organização*), irrompeu, há 3,8 bilhões de anos, a vida em todas as suas formas; atravessou profundas dizimações, mas sempre subsistiu e veio até nós em sua incomensurável diversidade.

O quarto é o *humano*, subcapítulo da história da vida. O princípio de complexidade e de autocriação encontra nos seres humanos imensas possibilidades de expansão. A vida humana floresceu, cerca de 10 milhões de anos atrás na África. A partir daí, difundiu-se por todos os continentes até conquistar os confins mais remotos da Terra. Mostrou grande flexibilidade, adaptou-se a todos os ecossistemas*, dos mais gélidos nos polos aos mais tórridos nos trópicos, no solo, no subsolo, no ar e fora de nosso planeta, nas naves espaciais e na Lua. Submeteu as demais espécies, menos a maioria dos vírus e das bactérias. Foi o triunfo perigoso da espécie *homo sapiens e demens.*

Por fim, o quinto ato é o *planetário*: a humanidade que estava dispersa está voltando à casa comum, ao planeta Terra. Descobre-se como humanidade, com a mesma origem e o mesmo destino de todos os demais seres e da Terra. Sente-se como a mente consciente da Terra, um sujeito coletivo, para além das culturas singulares e dos estados-nações. Através dos meios de comunicação globais, da interdependência de todos com todos, está inaugurando a fase planetária, uma nova etapa de sua evolução. A partir de agora, a história será a história da espécie homo, da humanidade unificada e interconectada com tudo e com todos.

Só podemos entender o ser humano-Terra se o conectarmos com todo esse processo universal; nele os elementos materiais e as energias sutis conspiraram para que ele lentamente fosse sendo gestado e, finalmente, pudesse nascer.

Certamente não somos o único planeta vivo em nossa galáxia. Presume-se que no universo existam alguns milhões de planetas em condições de ter vida e de serem vivos. Mais ainda. Provavelmente somos apenas um universo ao lado e junto com outros inumeráveis universos. Estaríamos diante de um pluriverso ao invés de um universo. Não estaríamos sós.

Entretanto, o fato de que somos seres inteligentes, implica a convergência de certas condições particulares sem as quais não estaríamos aqui falando disso tudo. Mesmo o surgimento da vida exige a colaboração de certos elementos relativamente pesados como o carbono, o oxigênio, o nitrogênio e o silício. Ora, esses elementos como tais não existiam no caldo primordial; estavam lá apenas potencialmente. Só os materiais leves, como o hidrogênio e o hélio, foram sintetizados no universo originário. Os demais tiveram que esperar bilhões de anos, até o surgimento das grandes estrelas vermelhas, no seio das quais se formaram. Mas nem todos os planetas guardaram os elementos pesados, necessários ao surgimento da vida. Júpiter, Saturno, Urano e Netuno, por exemplo, são constituídos fundamentalmente de hidrogênio e hélio e assim impróprios para o tipo de vida que conhecemos.

A Terra, nesse contexto, apresenta singularidades supreendentes. Ela tem uma iluminação solar nem demasiadamente fraca, como Marte, nem demasiadamente forte, como Vênus e Mercúrio. É o único planeta que possui grande quantidade de água líquida. Demonstra regularidade de temperatura, ritmos de evolução e suficiente estabilidade para conservar a água em estado líquido, propiciando condições excelentes para o surgimento de seres complexos e vivos. Se a Terra tivesse uma órbita demasiadamente elíptica que nos afastasse e periodicamente nos aproximasse do Sol, ou se pertencesse a uma estrela dupla, dificultaria, quem sabe, ou até impossibilitaria a existência da vida na Terra.

A existência de Gaia* e a nossa própria vida estão ligadas inegavelmente ao fato de pertencermos a um sol de luminosidade média, a 150 milhões de km de distância da Terra, situado na periferia de uma galáxia espiral média. O tipo de biosfera* existente, bem como a estruturação biológica observada nos ecossistemas* só podem desenvolver-se sob determinadas exigências. Concretamente isto significa que, nós, seja como Terra, seja como pessoas humanas, embora situados num canto irrisório de nosso sistema galáctico e universal, temos a ver com o todo. O todo conspirou para que nós existíssemos e tivéssemos chegado até aqui.

*b) Que significa ser Terra?*

Que significa concretamente, além de nossa ancestralidade, a nossa dimensão Tellus-Terra?

Em primeiro lugar significa que temos elementos-Terra no corpo, no sangue, no coração, na mente e no espírito.

Desta constatação resulta a consciência de profunda unidade.

Num segundo momento, podemos pensar a Terra. Então, sim, nos distanciamos dela para podermos vê-la melhor. Este distanciamento não rompe nosso cordão umbilical com ela. Ter esquecido nossa união com a Terra deu origem ao antropocentrismo, na ilusão de que, pelo fato de pensarmos a Terra, podermos com justa razão colocar-nos sobre ela para dominá-la e para dispor dela ao nosso bel-prazer.

Por sentir-nos filhos e filhas da Terra, vivenciamo-la como Mãe generosa. Ela é um princípio generativo. Representa o feminino que concebe, gesta, e dá à luz. Emerge assim o arquétipo da Terra como Grande Mãe, Pacha Mama e Nana. Da mesma forma que tudo gera e entrega à vida, ela também tudo acolhe e tudo recolhe em seu seio. Ao morrer, voltamos à Mãe-Terra. Regressamos ao seu útero generoso e fecundo. Feng-shui*, a filosofia ecológica chinesa que analisaremos mais adiante, apresenta um grandioso sentido da morte como união ao Tao que se manifesta nas energias da natureza. Durante a vida podemos sintonizar-nos de tal forma com o Tao e com os ritmos da natureza que, na verdade, escapamos da morte definitiva; pela morte mudamos de estado para voltar a viver no mistério profundo da natureza, donde todos os seres vêm e para onde todos voltam.

Sentir que somos Terra nos faz ter os pés no chão. Faz-nos desenvolver nova sensibilidade para com a Terra, seu frio e calor, sua força, às vezes ameaçadora, às vezes encantadora. Sentir a Terra é sentir a chuva na pele, a brisa refrescante no rosto, o tufão avassalador em todo o corpo. Sentir a Terra é sentir a respiração até às entranhas, os odores que nos embriagam ou nos enfastiam. Sentir a Terra é sentir seus nichos ecológicos, captar o espírito de cada lugar, inserir-se num determinado local, onde se habita. Habitando, fazemos-nos de certa maneira prisioneiros de um lugar, de uma geografia, de um tipo de clima, de regime de chuvas e ventos, de uma maneira de morar e de trabalhar e de fazer história. Ser Terra é ser concreto, concretíssimo. Configura o nosso limite. Mas também significa nossa base firme, nosso ponto de contemplação do todo, nossa plataforma para poder alçar voo para além desta paisagem e deste pedaço de Terra.

Por fim, sentir-se Terra é perceber-se dentro de uma complexa comunidade com seus outros filhos e filhas. A Terra não gera apenas a nós seres humanos. Produz a miríade de micro-organismos que compõem 90% de toda a rede da vida, produz os insetos que constituem a biomassa mais importante da biodiversidade. Produz as águas, a capa verde com a infinita diversidade de plantas, flores e frutos. Produz a diversidade incontável de animais, nossos companheiros dentro da unidade sagrada da vida, porque em todos estão presentes os 20 aminoácidos que entram na composição da vida. Para todos produz as condições de subsistência, de evolução e de alimentação, no solo, no subsolo, nas águas e no ar. Sentir-se Terra é mergulhar na comunidade terrenal, no mundo dos irmãos e das irmãs, todos filhos e filhas da grande e generosa Mãe, a Terra.

No Paleolítico esta percepção de que somos Terra constituiu a experiência-matriz da humanidade. Ela produziu uma espiritualidade e uma política.

Primeiro uma espiritualidade: a começar pela África, há alguns milhares de anos, especialmente a partir do Saara, quando era ainda uma terra verde, rica e fértil, passando por toda a bacia do Mediterrâneo, pela Índia e pela China, predominavam as divindades femininas, a Grande Mãe Negra e a Mãe-rainha. A espiritualidade era de uma profunda união cósmica e de uma conexão orgânica com todos os elementos como expressões do Todo.

Ao lado desta espiritualidade surgiu, em segundo lugar, uma política: as instituições matriarcais*. As mulheres formavam os eixos organizadores da sociedade e da cultura. Surgiram sociedades sacrais, perpassadas de reverência, de enternecimento e de proteção à vida. Até hoje carregamos a memória desta experiência da Terra-Mãe, na forma de arquétipos e de uma insaciável nostalgia por integração, inscrita nos nossos próprios genes. Os arquétipos em nós rememoram um passado histórico real que forceja por ser resgatado e por ganhar ainda vigência na vida atual.

O ser humano precisa refazer essa experiência espiritual de fusão orgânica com a Terra, a fim de recuperar suas raízes e experimentar sua própria identidade radical. Ele precisa ressuscitar também a memória política do feminino para que a dimensão da *anima* entre na elaboração de políticas com mais equidade entre os sexos e com maior capacidade de integração.

## 2 Céu: a dimensão espiritual e celestial da existência

O céu é constituído por tudo aquilo que está acima de nossas cabeças: a via-láctea, as miríades de estrelas, as galáxias, numa palavra, o espaço profundo e infinito. Até recentemente se imaginava o céu imutável e eterno. Hoje, com o acúmulo de observações astronômicas e com a utilização de tecnologias e instrumentos cada vez mais sofisticados, sabemos que o céu teve uma origem e está em permanente expansão. Vejamos rapidamente a história do céu, pois é também nossa história. Nossa dimensão espiritual e transcendente se encontra ancorada na experiência de céu.

Vigora consenso na comunidade científica segundo o qual tudo, também o céu, originou-se de uma imensa explosão (*big-bang*) 15 bilhões de anos atrás. Inicialmente não havia nem moléculas, nem átomos, nem prótons, nem as quatro interações fundamentais. Havia um caldo informe e concentradíssimo com cerca de 10 bilhões de graus de calor. Sem qualquer porquê, esse ponto densíssimo de energia e de matéria originária inflou e explodiu. Produziu luz e calor de intensidade inimaginável. Elementos primordiais foram lançados em todas as direções. Não havia nenhum espaço dentro do qual se desse a expansão. O espaço e o tempo surgiram com a grande explosão, pois foi a expansão que os criou.

Junto com o processo de expansão se deu também o crescente resfriamento. Na medida em que se expandia, criava ordens de seres e relações entre eles cada vez mais complexas e interiorizadas.

Até hoje se pode captar o eco daquela explosão primordial. Ondas de rádio milimétricas (3 graus Kelvin, cerca de 270 graus Célsius negativos) nos chegam, uniformemente, de todas as partes do universo. É um fóssil de uma luminosidade pálida que nos recorda o início de nosso universo há 15 bilhões de anos. O resfriamento do universo pode ser cientificamente medido e atualmente é de três graus absolutos, quer dizer -270 graus Célsius.

Misteriosamente, apenas as quatro energias primordiais – a gravitacional*, a eletromagnética*, a nuclear fraca* e forte* – permanecem inalteráveis. Atuam sempre sinergeticamente e articuladas entre si. Se houvesse pequeníssimas alterações, a matéria inicial ter-se-ia dispersado e jamais haveria galáxias e estrelas. Ou então continuaria o caos inicial e nunca teriam surgido ordens complexas como as conhecidas, nem nós existiríamos.

Tudo indica que o universo é consciente e possui propósito. Se ele quisesse engendrar harmonia, vida em sua diversidade e seres capazes de sensibilidade, inteligência e amorização como nós humanos, então deveria ter seguido exatamente o curso que seguiu.

Que são estas quatro interações imutáveis, ordenadores de todo o movimento universal, do processo de evolução e de nosso próprio equilíbrio vital? Não sabemos. A ciência se cala reverente. Mas a razão simbólica suspeita e crê que se encontra aí a presença do Grande Espírito, de Deus Criador em permanente atividade. Ele expressa sua Grandeza, revela sua Sabedoria e demonstra seu Amor no todo e em cada uma das partes através da interação conjugada destas quatro energias fundamentais, verdadeiras leis da natureza. Se conhecemos as leis, por que não reconhecer um supremo Legislador?

Quando nos referimos ao céu, representamos toda essa incomensurável e misteriosa realidade. Ela excede nossas capacidades. Transcende nossas possibilidades de alcançá-la. E, contudo, sempre queremos chegar lá. Nosso desejo quer atravessar os espaços infinitos e alcançar os confins do céu. Seguramente é assim porque guardamos a memória ancestral de nossas origens celestes. Embora enraizados no planeta Terra, temos a mente ancorada no céu.

Temos o céu dentro de nós. Ele representa a dimensão celestial de transcendência do ser humano. Sua capacidade de ir além dos limites da Terra. Seu esforço incansável de sempre ascender e subir mais e mais alto. Pode ser interpretado também como a emergência do princípio masculino, ordenador, rasgador de novos horizontes, errante e insaciável face a tudo o que está ao alcance de sua mão.

Essa experiência urânica (céu) gestou também, à semelhança da experiência telúrica (terra), uma espiritualidade e uma política. Uma espiritualidade de ruptura com as raízes, de abertura infinita, de busca de sempre novas visões. Essa espiritualidade, em sua forma extrema, estrutura-se no dualismo: céu-terra, em cima-embaixo, este mundo-outro mundo, desejo-realização. É próprio do masculino fazer esta separação e viver este dualismo. A dualidade existe e revela a complexidade do real. O dualismo é diverso da dualidade. O dualismo considera as coisas separadas, enquanto a dualidade as vê juntas como dimensões da mesma e única realidade. A razão instrumental-analítica supõe esta separação dualista. Inaugura uma divisão, no seu termo falsa, entre o sujeito e o objeto, o eu e o mundo, o feminino e o masculino. Tenta tornar tudo objeto de desejo, conquista, posse e apropriação. Conflita com a experiência telúrica de conexão vital de tudo com tudo, dentro do grande Todo.

A partir do Neolítico começaram a predominar os valores do masculino, fundando uma nova política. Os homens assumiram a hegemonia da sociedade. Instauraram o patriarcado com o submetimento da mulher e a dominação sobre a natureza. A perda da re-ligação de tudo com tudo é fruto da cultura patriarcal que não integrou as contribuições anteriores do matriarcado. Ela subjaz nas nossas principais instituições políticas e religiosas atuais. E mostra seus limites perigosos no descuido com o planeta Terra, na falta de cuidado com a vida em todas as suas formas e no incremento dos conflitos nas relações sociais.

Como buscar uma síntese entre a dimensão céu (Júpiter) e a dimensão terra (Tellus)? Como articular o enraizamento em nossa casa comum, a Terra, com o nosso desejo insaciável pelo infinito, o Céu? Essa é a tensão axial do ser humano, desafio antropológico radical. A evocação de Saturno nos apontará um caminho.

## 3 História e utopia: a condição humana fundamental

A figura mitológica de Saturno representa o arquétipo da síntese, a idade de ouro, a realização da utopia dos remidos e libertos no lar e na pátria da plena identidade. No reino de Saturno deuses e homens/mulheres conviviam em suprema integração, na justiça, na benquerença e na paz inalterável. É uma utopia. Mas só utopia?

O que constatamos é que o ser humano e a sociedade não podem viver sem uma utopia. Quer dizer, não podem deixar de projetar seus melhores sonhos nem desistir de buscá-los dia após dia. Se não houvesse utopias, imperariam os interesses menores. Todos se chafurdariam no pântano de uma história sem esperança porque sempre dominada pelos mais fortes. A dimensão-Saturno, a utopia, ao contrário, destila sempre novas perspectivas e funda continuamente mil razões para lutar e para buscar formas melhores de convivência. A utopia é a presença da dimensão-céu dentro da dimensão-terra, nos limites estreitos da existência pessoal e coletiva.

No entanto, a utopia não pode ser utopista. Se assim fosse, transformar-se-ia em pura fantasia e fuga irresponsável da realidade. Ela deve realizar-se num processo histórico que tente dar corpo ao sonho e construir passo a passo os mil passos que o caminho exige. A história exige tempo, paciência, espera, superação de obstáculos e trabalho de construção. É a dimensão-terra fazendo suas exigências à existência humana.

O ser humano vive distendido entre a utopia e a história. Ele está no tempo onde as duas se encontram. Não sem razão Saturno expressava também a vigência do tempo com sua soberania. O ser humano constroi a sua existência no tempo. Precisa do tempo para crescer, aprender, madurar, ganhar sabedoria e até para morrer. No tempo vive a tensão entre a utopia que o anima a sempre olhar para cima e para frente e a história real que o obriga a buscar mediações, dar passos concretos e olhar com atenção para o caminho e sua direção, suas bifurcações e empecilhos, suas ciladas e chances.

É na história, construída na força da utopia, que se elabora a síntese entre as exigências da terra e os imperativos do céu. É na história que se cria a oportunidade de uma experiência total de conexão com o Todo (princípio feminino) e ao mesmo tempo de contínua abertura rumo ao infinito (princípio masculino). Em última instância somos um projeto infinito. E o infinito desequilibra qualquer síntese. Ele nos obriga a compreender nossa condição de sistema aberto, apto a novas incorporações e capaz de sempre novas sintetizações.

Como tornar possível essa síntese entre céu-terra/utopia-história? Como mantê-la viva, fecunda e sempre atraente? É aqui que invocamos o cuidado. A fábula-mito de Higino nos ensina pela boca do deus Saturno que o cuidado acompanha o ser humano enquanto peregrinar pelo tempo. O cuidado é o caminho histórico-utópico da síntese possível à nossa finitude. Por isso é o *ethos*\* fundamental, a chave decifradora do humano e de suas virtualidades.

# Bibliografia para aprofundamento

ATLAN, H. *Entre o cristal e a fumaça* – Ensaio sobre a organização do ser vivo. Rio de Janeiro: Zahar.

BARROW, J.D. *Teorias de Tudo* – A busca da explicação final. Rio de Janeiro: Zahar Editores, 1994.

BOFF, L. Uma cosmovisão ecológica: a narrativa atual, em *Ecologia*: grito da Terra, grito dos pobres. São Paulo: Ática, 1995.

BOHM, D. *Ciência, ordem e criatividade.* Lisboa: Gradiva, 1989.

BOHR, N. *Física atômica e conhecimento humano.* Rio de Janeiro: Contraponto, 1995.

CAPRA, F.F. *A teia da vida* – Uma nova compreensão científica dos sistemas vivos. São Paulo: Cultrix, 1997.

_____. *O ponto de mutação.* São Paulo: Cultrix, 1989.

CHARON, J.E. *O espírito, esse desconhecido.* São Paulo: Melhoramentos, 1990.

DUVE, Ch. de. *Poeira Vital* – A vida como imperativo cósmico. São Paulo: Campus, 1997.

DAVIES, P. *Deus e a nova física.* Lisboa: Edições 70, 1988.

DAWIKINS, R. *O rio que saía do Éden* – Uma visão darwiniana da vida. Rio de Janeiro: Rocco, 1996.

DUMAS, F.D. *O ovo cósmico* – O simbolismo da gênese original. São Paulo: Editora Pensamento, 1989.

EINSTEIN, A. *Como vejo o mundo.* Rio de Janeiro: Nova Fronteira, 1981.

EHRLICH, P.R. *O mecanismo da natureza* – O mundo vivo à nossa volta e como funciona. São Paulo: Campus, 1993.

FAROS, F. *A natureza do eros*. São Paulo: Paulus, 1998.

FERRIS, T. *O despertar na Via Láctea*. São Paulo: Campus, 1990.

FREI BETTO. *A obra do artista* – Uma visão holística do Universo. São Paulo: Ática, 1995.

FREIRE-MAIA, N. *Criação e evolução*: Deus, o acaso e a necessidade. Petrópolis: Vozes, 1986.

GLEICK, J. *Caos* – A criação de uma nova ciência. São Paulo: Campus, 1989.

GLEISER, M. *A dança cósmica* – Dos mitos da criação ao big-bang. São Paulo: Companhia das Letras, 1997.

GOSWAMI, A. *O universo autoconsciente* – Como a consciência cria o mundo material. Rio de Janeiro: Editora Rosa dos Tempos, 1998.

GRIBBIN, J. *No início* – Antes e depois do Big-Bang. Rio de Janeiro: Campus, 1997.

_____. *À procura do Big-Bang*: cosmologia e física quântica. Lisboa: Presença, 1989.

GRIBBIN, J., GUTH, A.H. *O universo inflacionário*. Rio de Janeiro: Campus, 1997.

HARADA, H. "Fenomenologia do corpo", em *Revista de Cultura Vozes*, 65. 1971, 21-28.

HAWKING, S. *Uma breve história do tempo*. Rio de Janeiro: Nova Fronteira, 1992.

HEISENBERG, W. *A parte e o todo*. Rio de Janeiro: Contraponto, 1996.

HOLLIS, J. *Rastreando os deuses* – O lugar do mito na vida moderna. São Paulo: Paulus, 1998.

JACOB, F. *A lógica da vida* – Uma história da hereditariedade. Rio de Janeiro: 1983.

JOHNSON, G. *Fogo na mente* – Ciência, fé e a busca da ordem. Rio de Janeiro: Campus, 1997.

LABORIT, H. *Deus não joga dados.* São Paulo: Trajetória Cultural, 1989.

LEWIN, R. *Complexidade* – A vida no limite do caos. Rio de Janeiro: Rocco, 1994.

LINDFIELD, M. *A dança da mutação* – Uma abordagem ecológica e espiritual da transformação. São Paulo: Aquariana, 1992.

LONGAIR, M. *As origens de nosso universo.* Rio de Janeiro: Zahar, 1994.

LOVELOCK, J. *Gaia* – Um novo olhar sobre a vida na terra. Lisboa: Edições 70, 1989.

MATURANA, H. & VARELA, Fr. *A árvore da vida* – A base biológica do entendimento humano. Campinas: Psy II, 1955.

MONOD, J. *O acaso e a necessidade.* Petrópolis: Vozes, 1976.

MOURÃO, R.R. de Freitas. *Nascimento, vida e morte das estrelas.* Petrópolis: Vozes, 1995.

_____. *Ecologia cósmica.* Uma visão cósmica da ecologia. Rio de Janeiro: Francisco Alves, 1992.

_____. *Buracos negros* – Universo em colapso. Petrópolis: Vozes, 1981.

NOVELLO, M. *O círculo do tempo* – Um olhar científico sobre viagens não convencionais no tempo. Rio de Janeiro: Campus, 1997.

PESSIS-PASTERNACK. *Do caos à inteligência artificial.* São Paulo: Unesp, 1992.

REEVES, H. et al. *A mais bela história do mundo* – Os segredos de nossas origens. Petrópolis: Vozes, 1998.

SALAM, A. *A unificação das forças fundamentais* – O grande desafio da física contemporânea. Rio de Janeiro: Zahar, 1993.

SAGAN, C. *Bilhões e bilhões*. São Paulo: Companhia das Letras, 1998.

_____. *Pálido ponto azul*. São Paulo, Companhia das Letras, 1996.

_____. *Cosmos*. Rio de Janeiro: Francisco Alves, 1989.

SAHTOURIS, E. *A dança da Terra* – Sistemas vivos em evolução: uma nova visão da biologia. Rio de Janeiro: Rosa dos Tempos, 1998.

STEIGER, A. *Compreender a história da vida* – Do átomo ao pensamento humano. São Paulo: Paulus, 1998.

WARD, P. *O fim da evolução*. Rio de Janeiro: Campus, 1997.

WEIL, P. *A consciência cósmica*. Petrópolis: Vozes, 1989.

WEINBERG, S. *Os três primeiros minutos* – Uma análise moderna da origem do universo. Lisboa: Gradiva, 1987.

WILSON, E.O. (org.) *Biodiversidade*. Rio de Janeiro: Nova Fronteira, 1997.

# VII

## *Natureza do cuidado*

*A*cabamos de travejar as experiências humanas axiais escondidas por debaixo da fábula-mito de Higino, com seus respectivos conceitos básicos. Deixamos para trás a figura do cuidado. Agora é tempo de aprofundarmos sua natureza. Em Higino ele não é visto como uma divindade, mas como uma personificação de um modo-de-ser fundamental. Personificação equivale a uma divinização no sentido que temos dado às divindades mitológicas, pois expressam dimensões radicais do humano.

Importa fazer a fenomenologia do cuidado. Por fenomenologia entendemos a maneira pela qual qualquer realidade, no caso o cuidado, torna-se um fenômeno para a nossa consciência, mostra-se em nossa experiência e molda a nossa prática. Nesse sentido não se trata de pensar e falar *sobre* o cuidado como objeto independente de nós, mas de pensar e falar *a partir* do cuidado como é vivido e se estrutura em nós mesmos. Não *temos* cuidado. *Somos* cuidado. Isto significa que o cuidado possui uma dimensão ontológica* que entra na constituição do ser humano. É um modo-de-ser singular do homem e da mulher. Sem cuidado deixamos de ser humanos.

Em *Ser e tempo,* Martin Heidegger (1889-1976) por excelência o filósofo do cuidado, mostrou que realidades tão fundamentais como o querer e o desejar se encontram enraizados no cuidado essencial. Somente a partir da dimensão do cuidado elas emergem como realizações do humano. O cuidado é "uma constituição ontológica* sempre subjacente "a tudo o que o ser humano empreende, projeta e faz...; cuidado subministra preliminarmente o solo em que se move toda interpretação do ser humano". Por "constituição ontológica" Heidegger entende aquilo que entra na definição essencial do ser humano e estrutura a sua prática. Quando fala do cuidado como "o solo em que se move toda a interpretação do ser humano" sinaliza que o cuidado é o fundamento para qualquer interpretação do ser humano. Se não nos basearmos no cuidado, não lograremos compreender o ser humano. É o que viemos afirmando ao largo e ao longo de toda a nossa reflexão e que agora cabe desdobrar.

## 1  A filologia da palavra cuidado

Talvez uma primeira abordagem do sentido central de cuidado se encontre na sua filologia. Como os filósofos nos advertem, as palavras estão grávidas de significados existenciais. Nelas os seres humanos acumularam infindáveis experiências, positivas e negativas, experiências de busca, de encontro, de certeza, de perplexidade e de mergulho no Ser. Precisamos desentranhar das palavras sua riqueza escondida. Normalmente as palavras nascem dentro de um nicho de sentido originário e a partir daí se desdobram outras significações afins. Assim parece ser com a origem da palavra cuidado.

Segundo clássicos dicionários de filologia**, alguns estudiosos derivam cuidado do latim *cura*. Esta palavra é um sinônimo erudito de cuidado, usada na tradução de *Ser e tempo* de Martin Heidegger. Em sua forma mais antiga, *cura* em latim se escrevia *coera* e era usada num contexto de relações de amor e de amizade. Expressava a atitude de cuidado, de desvelo, de preocupação e de inquietação pela pessoa amada ou por um objeto de estimação.

Outros derivam cuidado de *cogitare-cogitatus* e de sua corruptela *coyedar, coidar, cuidar*. O sentido de *cogitare-cogitatus*

---

** Para a filologia da palavra cuidado é útil consultar as seguintes fontes: "Cura", em *Thesaurus Linguae Latinae* vol. 4, Leipzig 1909, col. 1451-1476; *Paulys Realencyclopediae der classischen Altertumswissenschaft* vol. 8, Stuttgart 1901, col. 1773; A. Ernout e A. Meillet, *Dictionnaire Ethymologique de la Langue Latine*, Paris 1939, 245-246; "cuidado", Caldas Aulete, *Dicionário Contemporâneo da língua portuguesa*. Edições Delta, Rio de Janeiro 1985; Antenor Nascentes, *Dicionário Etimológico resumido*. Instituto Nacional do Livro, Rio de Janeiro 1966; Antônio Geraldo da Cunha, *Dicionário Etimológico Nova Fronteira da língua portuguesa*. Nova Fronteira, Rio de Janeiro 1991.

é o mesmo de cura: cogitar, pensar, colocar atenção, mostrar interesse, revelar uma atitude de desvelo e de preocupação. O cuidado somente surge quando a existência de alguém tem importância para mim. Passo então a dedicar-me a ele; disponho-me a participar de seu destino, de suas buscas, de seus sofrimentos e de seus sucessos, enfim, de sua vida.

Cuidado significa então desvelo, solicitude, diligência, zelo, atenção, bom trato. Como dizíamos, estamos diante de uma atitude fundamental, de um modo de ser mediante o qual a pessoa sai de si e centra-se no outro com desvelo e solicitude. Conhecemos nas línguas latinas a expressão "cura d'almas" para designar o sacerdote ou o pastor cuja missão reside em cuidar do bem espiritual das pessoas e acompanhá-las em sua trajetória religiosa. Tal diligência se faz com cuidado e *esprit de finesse* como convém às coisas espirituais.

A atitude de cuidado pode provocar preocupação, inquietação e sentido de responsabilidade. Assim, por exemplo, dizemos: "essa criança é todo o meu cuidado (preocupação)". O Padre Antônio Vieira, clássico de nossa língua, escreve: "estes são, amigo, todos os meus cuidados (minhas inquietações)". Um antigo adágio rezava: "quem tem cuidados não dorme". Os latinos conheciam a expressão "dolor amoris" (dor de amor) para expressar a cura, a inquietação e o cuidado para com a pessoa amada. Ou ainda: "entreguei meu filho aos cuidados do diretor da escola" (coloquei-o sob sua responsabilidade).

Por sua própria natureza, cuidado inclui pois duas significações básicas, intimamente ligadas entre si. A primeira, a atitude de desvelo, de solicitude e de atenção para com o outro. A segunda, de preocupação e de inquietação, porque a pessoa que tem cuidado se sente envolvida e afetivamente ligada ao outro.

Com razão, o grande poeta latino Horácio (65-8 a.C.) podia finalmente observar: "o cuidado é o permanente companheiro do ser humano". Quer dizer: o cuidado sempre acompanha o ser humano porque este nunca deixará de amar e de se desvelar por alguém (primeiro sentido), nem deixará de se preocupar e de se inquietar pela pessoa amada (segundo sentido). Se assim não fora, não se sentiria envolvido com ela e mostraria negligência e incúria por sua vida e destino. No limite, revelaria indiferença que é a morte do amor e do cuidado.

## 2 Dois modos de ser-no-mundo: o trabalho e o cuidado

Os dois significados básicos colhidos da filologia nos confirmam a ideia de que o cuidado é mais do que um ato singular ou uma virtude ao lado de outras. É um modo de ser, isto é, a forma como a pessoa humana se estrutura e se realiza no mundo com os outros. Melhor ainda: é um modo de ser-no-mundo que funda as relações que se estabelecem com todas as coisas.

Quando dizemos ser-no-mundo não expressamos uma determinação geográfica como estar na natureza, junto com plantas, animais e outros seres humanos. Isso pode estar incluído, mas a compreensão de ser-no-mundo é algo mais abrangente. Significa uma forma de ex-istir e de co-existir, de estar presente, de navegar pela realidade e de relacionar-se com todas as coisas do mundo. Nessa co-existência e con-vivência, nessa navegação e nesse jogo de relações, o ser humano vai construindo seu próprio ser, sua autoconsciência e sua própria identidade.

Fundamentalmente há dois modos básicos de ser-no-mundo: o trabalho e o cuidado. Aí emerge o processo de construção da realidade humana.

### a) O modo-de-ser-trabalho

O modo-de-ser-no-mundo pelo trabalho se dá na forma de inter-ação e de intervenção. O ser humano não vive numa sesta biológica com a natureza. Pelo contrário, inter-age com ela, procura conhecer suas leis e ritmos e nela intervém para tornar sua vida mais cômoda. É pelo trabalho que faz tudo isso. Pelo trabalho constrói o seu "habitat", adapta o meio ao seu desejo e conforma seu desejo ao meio. Pelo trabalho prolonga a evolução e introduz realidades que, possivelmente, a evolução jamais iria produzir, como um edifício, uma cidade, um automóvel, uma rede de comunicação por rádio e televisão. Pelo trabalho copilota o processo evolutivo, fazendo com que a natureza e a sociedade com suas organizações, sistemas e aparatos tecnológicos entrem em simbiose e coevoluam juntas.

De certa forma, o trabalho está presente no dinamismo da própria natureza. Uma planta ou um animal também trabalham na medida em que inter-agem com o meio, trocam informações, se mostram flexíveis e se adaptam em vista à sobrevivência. No ser humano, porém, o trabalho se transforma em modo-de-ser consciente e assume o caráter de um projeto e de uma estratégia com suas táticas de plasmação de si mesmo e da natureza.

Primitivamente o trabalho era mais inter-ação do que intervenção, pois o ser humano tinha veneração diante da natureza. Somente utilizava aquilo que precisava para sobreviver e tornar mais segura e prazerosa a existência.

O processo de intervenção na natureza começou a partir do *homo habilis* entre 2 a 1,6 milhões de anos atrás, quando então se inventou o instrumento. Tornou-se uma constante a partir do *homo sapiens*, do qual nós descendemos diretamente, há cerca de 150 mil anos. Instituiu-se como um processo orgânico a partir do Neolítico, há cerca de 10 mil anos, quando o ser humano se pôs a construir casas e vilas e a domesticar plantas e animais, processo esse que culminou com a tecnociência de nossos dias.

Foi pelo trabalho que os seres humanos formaram as culturas como modelação de si mesmos e da natureza. Abriu-se assim o caminho para a vontade de poder e de dominação sobre a natureza. Ela se reforçou quando o ser humano se sentiu desafiado pelos obstáculos que encontrava. Aumentou sua agressividade e exasperou sua indústria e ingênio. Começou a utilizar a razão instrumental-analítica, que é mais eficaz para intervir com profundidade na natureza. Este tipo de razão exige "objetividade", impõe um certo distanciamento da realidade a fim de estudá-la como a um objeto para acumular experiências e dela assenhorear-se.

Cumpre enfatizar que os "objetos" não são objetos em si. São feitos objetos pela razão, pois ela os isola de seu meio, os separa de outros companheiros de existência e os usa para seus interesses. A "objetividade" é uma projeção da razão. Os ditos "objetos", na verdade, são sujeitos que têm história, acumulam e trocam informações e pertencem à comunidade cósmica e terrenal.

Na medida em que foi avançando neste afã objetivista e coisificador, o ser humano criou os aparatos que lhe dispensaram o desgaste das energias e aumentaram as potencialidades de seus sentidos. Hoje, mais e mais o trabalho é feito por máquinas, computadores, autômatos e robôs que substituem, em grande parte, a força de trabalho humano. Surge o que se convencionou chamar *cibionte**: o superorganismo híbrido, feito de seres humanos, máquinas e redes de informação. Destarte se forma a articulação do biológico, do mecânico e do eletrônico que constituem a base de nossas sociedades atuais.

A lógica do ser-no-mundo no modo de trabalho configura o situar-se *sobre* as coisas para dominá-las e colocá-las a serviço dos interesses pessoais e coletivos. No centro de tudo se coloca o ser humano, dando origem ao antropocentrismo. O antropocentrismo instaura uma atitude centrada no ser humano e as coisas têm sentido somente na medida em que a ele se ordenam e satisfazem seus desejos. Nega a relativa autonomia que elas possuem. Mais ainda, olvida a conexão que o próprio ser humano guarda, quer queira quer não, com a natureza e com todas as realidades, por ser parte do todo. Por fim, ignora que o sujeito derradeiro da vida, da sensibilidade, da inteligibilidade e da amorização não somos, em primeiro lugar nós, mas o próprio universo, a Terra. Ela manifesta sua capacidade de sentir, de pensar, de amar e de venerar por nós e em nós. O antropocentrismo desconhece todas estas imbricações.

Essa atitude de trabalho-poder sobre o mundo corporifica a dimensão do masculino no homem e na mulher. É a dimensão que compartimenta a realidade para melhor conhecê-la e subjugá-la; usa de poder e até de agressão para alcançar seus objetivos utilitaristas; lança-se para fora de si na aventura do conhecimento e da conquista de todos os espaços da Terra e, nos dias de hoje, do espaço exterior e celeste. Ele começou a predominar a partir do Neolítico e atualmente chegou ao seu ponto culminante na ocupação e hominização de todo o planeta.

### b) O modo-de-ser-cuidado

O outro modo de ser-no-mundo se realiza pelo cuidado. O cuidado não se opõe ao trabalho, mas lhe confere uma tonalidade diferente. Pelo cuidado não vemos a natureza e tudo que nela existe como objetos. A relação não é sujeito-objeto, mas sujeito-sujeito. Experimentamos os seres como sujeitos, como valores, como símbolos que remetem a uma Realidade fontal. A natureza não é muda. Fala e evoca. Emite mensagens de grandeza, beleza, perplexidade e força. O ser humano pode escutar e interpretar esses sinais. Coloca-se ao pé das coisas, *junto* delas e a elas sente-se unido. Não existe, coexiste com todos os outros. A relação não é de domínio *sobre*, mas de con-vivência. Não é pura intervenção, mas inter-ação e comunhão.

Cuidar das coisas implica ter intimidade, senti-las dentro, acolhê-las, respeitá-las, dar-lhes sossego e repouso. Cuidar é entrar em sintonia com, auscultar-lhes o ritmo e afinar-se com ele. A razão analítico-instrumental abre caminho para a razão cordial, o *esprit de finesse*, o espírito de delicadeza, o sentimento profundo. A centralidade não é mais ocupada pelo *logos\** razão, mas pelo *pathos\** sentimento.

Este modo de ser-no-mundo, na forma de cuidado, permite ao ser humano viver a experiência fundamental do valor, daquilo que tem importância e definitivamente conta. Não do valor utilitarista, só para o seu uso, mas do valor intrínseco às coisas. A partir desse valor substantivo emerge a dimensão de alteridade, de respeito, de sacralidade, de reciprocidade e de complementaridade.

Todos nos sentimos ligados e re-ligados uns com os outros, formando um todo orgânico único, diverso e sempre includente. Esse todo remete a um derradeiro Elo que tudo re-liga, sustenta e dinamiza. Irrompe como Valor supremo que em tudo se vela e se revela. Esse Valor supremo tem o caráter de Mistério, no sentido de sempre se anunciar e ao mesmo tempo se recolher. Esse Mistério não mete medo, fascina e atrai como um sol. Deixa-se experimentar como um grande Útero acolhedor que nos realiza supremamente. É chamado também Deus.

No modo de ser-cuidado ocorrem resistências e emergem perplexidades. Mas elas são superadas pela paciência perseverante. No lugar da agressividade, há a convivência amorosa. Em vez da dominação, há a companhia afetuosa, ao lado e junto com o outro.

O modo-de-ser-cuidado revela a dimensão do feminino no homem e na mulher. O feminino esteve sempre presente na história. Mas no Paleolítico ganhou visibilidade histórica quando as culturas eram matrifocais* e vivia-se uma fusão com a natureza. As pessoas sentiam-se incorporadas no todo. Eram sociedades marcadas pelo profundo sentido do sagrado do universo e pela reverência face à misteriosidade da vida e da Terra. As mulheres detinham a hegemonia histórico-social e davam ao feminino uma expressão tão profunda que ficou na memória permanente da humanidade através de grandes símbolos, sonhos e arquétipos presentes na cultura e no inconsciente coletivo.

## 3 A ditadura do modo-de-ser-trabalho

O grande desafio para o ser humano é combinar trabalho com cuidado. Eles não se opõem, mas se compõem. Limitam-se mutuamente e ao mesmo tempo se complementam. Juntos constituem a integralidade da experiência humana, por um lado, ligada à materialidade e, por outro, à espiritualidade. O equívoco consiste em opor uma dimensão à outra e não vê-las como modos-de-ser do único e mesmo ser humano.

Desde a mais remota antiguidade, assistimos a um drama de perversas consequências: a ruptura entre trabalho e cuidado. Pelo menos desde o Neolítico, há dez mil anos, lentamente começou a predominar o trabalho como busca frenética de eficácia, como afã nervoso de produção e ânsia incontida de subjugação da Terra. Os últimos séculos, entretanto, especialmente a partir do processo industrialista do século XVIII, caracterizaram-se pela ditadura do modo-de-ser-trabalho como intervenção, produção e dominação. O trabalho não é mais relacionado com a natureza (modelação), mas com o capital (confronto capital-trabalho, analisado por Marx e Engels). O trabalho agora é trabalho assalariado e não atividade de plasmação da natureza. As pessoas vivem escravizadas pelas estruturas do trabalho produtivo, racionalizado, objetivado e despersonalizado, submetidas à lógica da máquina.

Um fino analista colombiano, Luiz Carlos Restrepo, diz, com razão, que todos nos fizemos herdeiros de Alexandre, o Grande (336-323 a.C.), o arquétipo do guerreiro e do conquistador. Ora, a ideologia latente no modo-de-ser-trabalho-dominação é a conquista do outro, do mundo, da natureza, na forma do submetimento puro e simples. Esse modo de ser mata a ternura, liquida o cuidado e fere a essência humana.

Por isso, a ditadura do modo-de-ser-trabalho-dominação masculinizou as relações, abriu espaço para o antropocentrismo, o androcentrismo*, o patriarcalismo e o machismo. Estamos às voltas com expressões patológicas do masculino desconectado do feminino, o *animus* * sobreposto à *anima* *.

O cuidado foi difamado como feminilização das práticas humanas, como empecilho à objetividade na compreensão e como obstáculo à eficácia.

A ditadura do modo-de-ser-trabalho-dominação está atualmente conduzindo a humanidade a um impasse crucial: ou pomos limites à voracidade produtivista associando trabalho e cuidado, ou vamos ao encontro do pior. Pela exasperação do trabalho produtivo se exauriram recursos não renováveis da natureza e se quebraram os equilíbrios físico-químicos da Terra. A sociabilidade entre os humanos se rompeu pela dominação de povos sobre outros e pela luta renhida das classes. Não se vê outra coisa no ser humano senão sua força de trabalho a ser vendida e explorada ou sua capacidade de produção e de consumo. Mais e mais pessoas, na verdade 2/3 da humanidade, são condenadas a uma vida sem qualquer sustentabilidade. Perdeu-se a visão do ser humano como ser-de-relações ilimitadas, ser de criatividade, de ternura, de cuidado, de espiritualidade, portador de um projeto sagrado e infinito.

O modo-de-ser-no-mundo exclusivamente como trabalho pode destruir o planeta. Daí a urgência atual de resgatar o modo-de-ser-cuidado, como seu corretivo indispensável. Então pode surgir o cibionte*, aquele ser que entra em simbiose com a máquina, não para submeter-se a ela, mas para melhorar sua vida e seu ambiente.

## 4 O resgate do modo-de-ser-cuidado

O resgate do cuidado não se faz às custas do trabalho e sim mediante uma forma diferente de entender e de realizar o trabalho. Para isso o ser humano precisa voltar-se sobre si mesmo e descobrir seu modo-de-ser-cuidado.

Retomamos a reflexão sobre a natureza do cuidado essencial. A porta de entrada não pode ser a razão calculatória, analítica e objetivista. Ela nos levaria ao trabalho-intervenção-produção e aí nos aprisionaria. As máquinas e os computadores são mais eficazes que nós na utilização deste tipo de razão-trabalho.

Há algo nos seres humanos que não se encontra nas máquinas, surgido há milhões de anos no processo evolutivo quando emergiram os mamíferos, dentro de cuja espécie nos inscrevemos: o sentimento, a capacidade de emocionar-se, de envolver-se, de afetar e de sentir-se afetado.

Um computador e um robô não têm condições de cuidar do meio ambiente, de chorar sobre as desgraças dos outros e de rejubilar-se com a alegria do amigo. Um computador não tem coração.

Só nós humanos podemos sentar-nos à mesa com o amigo frustrado, colocar-lhe a mão no ombro, tomar com ele um copo de cerveja e trazer-lhe consolação e esperança. Construímos o mundo a partir de laços afetivos. Esses laços tornam as pessoas e as situações preciosas, portadoras de valor. Preocupamo-nos com elas. Tomamos tempo para dedicar-nos a elas. Sentimos responsabilidade pelo laço que cresceu entre nós e os outros. A categoria cuidado recolhe todo esse modo de ser. Mostra como funcionamos enquanto seres humanos.

Daí se evidencia que o dado originário não é o *logos*\*, a razão e as estruturas de compreensão, mas o *pathos*, o sentimento, a capacidade de simpatia e empatia, a dedicação, o cuidado e a comunhão com o diferente. Tudo começa com o sentimento. É o sentimento que nos faz sensíveis ao que está à nossa volta, que nos faz gostar ou desgostar. É o sentimento que nos une às coisas e nos envolve com as pessoas. É o sentimento que produz encantamento face à grandeza dos céus, suscita veneração diante da complexidade da Mãe-Terra e alimenta enternecimento face à fragilidade de um recém-nascido.

Recordemos a frase do Pequeno Príncipe de Antoine de Saint Exupéry, que fez fortuna na consciência coletiva dos milhões de leitores: "É com o coração (sentimento) que se vê corretamente; o essencial é invisível aos olhos". É o sentimento que torna pessoas, coisas e situações importantes para nós. Esse sentimento profundo, repetimos, chama-se cuidado. Somente aquilo que passou por uma emoção, que evocou um sentimento profundo e provocou cuidado em nós, deixa marcas indeléveis e permanece definitivamente.

A reflexão contemporânea resgatou a centralidade do sentimento, a importância da ternura, da compaixão e do cuidado, especialmente a partir da psicologia profunda de Freud, Jung, Adler, Rogers e Hillman, e hodiernamente a partir da biologia genética e das implicações antropológicas da física quântica à la Niels Bohr (1885-1962) e à la Werner Heisenberg (1901-1976).

Mais do que o cartesiano *cogito ergo sum*: penso, logo existo, vale o *sentio ergo sum*: sinto, logo existo. O livro de Daniel Goleman, *Inteligência emocional*, transformou-se num *best-seller* mundial porque, à base de investigações empíricas sobre o cérebro e a neurologia, mostrou aquilo que já Platão (427-347 a.C.), Santo Agostinho (354-430), a escola franciscana medieval com São Boaventura e Duns Scotus no século XIII, Pascal (1623-1662), Schleiermacher (1768-1834) e Heidegger (1889-1976) ensinaram há muito tempo: a dinâmica básica do ser humano é o *pathos*\*, é o sentimento, é o cuidado, é a lógica do coração. "A mente racional" – conclui Goleman – "leva um ou dois momentos mais para registrar e reagir do que a mente emocional; o primeiro impulso... é do coração, não da cabeça".

Agora estamos em melhores condições para entender, em profundidade, a fábula-mito de Higino\* sobre o cuidado. O cuidado é tão essencial que é anterior ao espírito infundido por Júpiter e ao corpo fornecido pela Terra. Portanto, a concepção do ser humano como composto de espírito-corpo não é originária. A fábula diz: "o Cuidado foi quem primeiro moldou o ser humano". O cuidado se encontra antes, é um *a priori* ontológico\*, está na origem da existência do ser humano. E essa origem não é apenas um começo temporal. A origem tem um sentido filosófico de fonte donde brota permanentemente o ser. Portanto, significa que o cuidado constitui, na existência humana, uma energia que jorra ininterruptamente em cada momento e circunstância. Cuidado é aquela força originante que continuamente faz surgir o ser humano. Sem ela, ele continuaria sendo apenas uma porção de argila como qualquer outra à margem do rio, ou um espírito angelical desencarnado e fora do tempo histórico.

Foi com cuidado que "Cuidado" moldou o ser humano. Empenhou aí dedicação, ternura, devoção, sentimento e coração. E com isso criou responsabilidades e fez surgir a preocupação com o ser que ele plasmou. Essas dimensões, verdadeiros princípios constituintes, entraram na composição do ser humano. Viraram carne e sangue. Sem tais dimensões, o ser humano jamais seria humano. Por isso, a fábula-mito de Higino termina enfatizando que cuidado acompanhará o ser humano ao largo de toda a sua vida, ao longo de todo o seu percurso temporal no mundo.

Um psicanalista atento ao drama da civilização moderna como o norte-americano Rollo May podia comentar: "Nossa situação é a seguinte: na atual confusão de episódios racionalistas e técnicos perdemos de vista e nos despreocupamos do ser humano; precisamos agora voltar humildemente ao simples cuidado...; é o mito do cuidado – e creio, muitas vezes, somente ele – que nos permite resistir ao cinismo e à apatia que são as doenças psicológicas do nosso tempo".

O que nossa civilização precisa é superar a ditadura do modo-de-ser-trabalho-produção-dominação. Ela nos mantém reféns de uma lógica que hoje se mostra destrutiva da Terra e de seus recursos, das relações entre os povos, das interações entre capital e trabalho, da espiritualidade e de nosso sentido de pertença a um destino comum. Libertados dos trabalhos estafantes e desumanizadores, agora feitos pelas máquinas automáticas, recuperaríamos o trabalho em seu sentido antropológico originário, como plasmação da natureza e como atividade criativa, trabalho capaz de realizar o ser humano e de construir sentidos cada vez mais integradores com a dinâmica da natureza e do universo.

Importa colocar cuidado em tudo. Para isso urge desenvolver a dimensão *anima*\* que está em nós. Isso significa: conceder direito de cidadania à nossa capacidade de sentir o outro, de ter compaixão com todos os seres que sofrem, humanos e não humanos, de obedecer mais à lógica do coração, da cordialidade e da gentileza do que à lógica da conquista e do uso utilitário das coisas.

Dar centralidade ao cuidado não significa deixar de trabalhar e de intervir no mundo. Significa renunciar à vontade de poder que reduz tudo a objetos, desconectados da subjetividade humana. Significa recusar-se a todo despotismo e a toda dominação. Significa impor limites à obsessão pela eficácia a qualquer custo. Significa derrubar a ditadura da racionalidade fria e abstrata para dar lugar ao cuidado. Significa organizar o trabalho em sintonia com a natureza, seus ritmos e suas indicações. Significa respeitar a comunhão que todas as coisas entretêm entre si e conosco. Significa colocar o interesse coletivo da sociedade, da comunidade biótica e terrenal acima dos interesses exclusivamente humanos. Significa colocar-se junto e ao pé de cada coisa que queremos transformar para que ela não sofra, não seja desenraizada de seu habitat e possa manter as condições de desenvolver-se e coevoluir* junto com seus ecossistemas* e com a própria Terra. Significa captar a presença do Espírito para além de nossos limites humanos, no universo, nas plantas, nos organismos vivos, nos grandes símios gorilas, chimpanzés e orangotangos, portadores também de sentimentos, de linguagem e de hábitos culturais semelhantes aos nossos.

Estes são os antídotos ao sentimento de abandono que os pobres e os idosos sentem. Estas são as medicinas contra o descuido que os excluídos, os desempregados, os aposentados, os idosos e os jovens denunciam na maioria das instituições públicas. Elas se preocupam cada vez menos com o ser humano e se ocupam cada vez mais com a economia, com as bolsas, com os juros, com o crescimento ilimitado de bens e serviços materiais, apropriados pelas classes privilegiadas à custa da dignidade e da com-paixão necessárias face às carências das grandes maiorias. Este é o remédio que poderá impedir a devastação da biosfera* e o comprometimento do frágil equilíbrio de Gaia*. Este é o modo-de-ser que resgata a nossa humanidade mais essencial.

### Bibliografia para aprofundamento

BOFF, L. *O princípio-Terra* – Volta à pátria comum. São Paulo: Ática, 1995.

_____. *O rosto materno de Deus* – Ensaio interdisciplinar sobre o feminino e suas formas religiosas. Petrópolis: Vozes, 1995.

_____. *O destino do homem e do mundo*. Petrópolis: Vozes, 1976.

BUYTENDIJK, J.F.F. *La femme, ses modes d'être, de paraître et d'exister*. Desclée de Brower, Paris 1967, todo um capítulo dedicado ao cuidado, p. 249s.

CAPRA, F. *O Tao da física*. São Paulo: Cultrix, 1990.

CAROTENUTO, A. *Eros e pathos*. São Paulo: Paulus, 1994.

CARDOSO et al. *Os sentidos da paixão*. São Paulo: Companhia das Letras, 1998.

CAVALIERI, P. & SINGER, P. (orgs.). *El proyecto "Gran Simeo"* – La igualdad más allá de la humanidad. Madri: Trotta, 1998.

CHARDIN, P.T. de. *O fenômeno humano*. São Paulo: Cultrix, 1988.

CRESPO, J. *História do corpo*. Rio de Janeiro: Bertrand, 1990.

DEMO, P. *Conhecimento moderno* – Sobre ética e intervenção do conhecimento. Petrópolis: Vozes, 1998.

_____. *Ciência, ideologia e poder*. São Paulo, Atlas, 1996.

DUVE, Ch. de. *Poeira vital* – A vida como imperativo cósmico. São Paulo: Companhia das Letras, 1997.

GADAMER, H.-G. *A razão na época da ciência*. Rio de Janeiro: Tempo Brasileiro.

GIDDENS, A. *A transformação da intimidade* – Sexualidade, amor, erotismo nas sociedades modernas. São Paulo: Editora Unesp, 1993.

GOLEMAN, D. *Inteligência emocional*. Rio de Janeiro: Objetiva, 1995.

GUTIÉRREZ, R. *O feminismo é um humanismo*. Rio de Janeiro: Nobel-Antares, 1985.

HABERMAS, J. *Conhecimento e interesse*. Rio de Janeiro: Zahar, 1982.

HEIDEGGER, M. *Ser e tempo*. Parte I. [Tradução de Márcia de Sá Cavalcante. Petrópolis: Vozes, 1989, todo o sexto capítulo, dedicado à cura-cuidado, parágrafos 39-44, p. 243-300.]

IMBASCIATI, A. *Afeto e representação*. São Paulo: Editora 34, 1998.

LEONARD, G. *Educação e êxtase*. Rio de Janeiro: Summus Editorial, 1988.

MAY, R. *A coragem de criar*. Rio de Janeiro: Nova Fronteira, 1982.

_____. *Eros e repressão, amor e vontade.* Petrópolis: Vozes, 1973, p. 318-340.

MATOS, L. *Corpo e mente.* Petrópolis: Vozes, 1994.

MATURANA, H. & VARELA, F. *A árvore do conhecimento –* As bases biológicas do entendimento humano. Campinas: Psy II, 1995.

_____. *De máquinas e seres vivos.* Autopoiese – a organização do vivo. Porto Alegre: Artes Médicas, 1977.

MATURANA, H. *A ontologia da realidade.* Belo Horizonte: Editora da UFMG, 1997.

MIRANDA, R.L. *Além da inteligência emocional.* Rio de Janeiro: Campus, 1998.

MURARO, R.M. *A mulher no terceiro milênio.* Rio de Janeiro: Rosa dos Tempos, 1992.

NEUMANN, E. *História da origem da consciência.* São Paulo: Cultrix, 1990.

NOVELLO, M. *O círculo do tempo.* Rio de Janeiro: Campus, 1997.

OLIVEIRA, A.B. *A unidade perdida homem-universo –* Uma visão aberta da physis no fim do milênio. Rio de Janeiro: Espaço e Tempo, 1989.

PARIS, G. *Meditações pagãs –* O mundo de Afrodite, Ártemis e Héstia. Petrópolis: Vozes, 1994.

PAULON, E. *John Bowlby num encontro de ciência e ternura.* Niterói: Arte e Cultura, 1991.

RESTREPO, L.C. *O direito à ternura.* Petrópolis: Vozes, 1998.

ROSNAY, J. de. *O homem simbiótico –* Perspectivas para o terceiro milênio. Petrópolis: Vozes, 1997.

SAGAN, C. *Pálido ponto azul*. São Paulo: Companhia das Letras, 1996.

SCHNITTMAN, D.F. (org.). *Novos paradigmas, cultura e subjetividade*. Porto Alegre: Artes Médicas, 1996.

SJÖÖ, M. & MOR, B. *The Great Cosmic Mother* – Rediscovering the Religion of the Earth. San Francisco: Harper, 1991.

SMART, J.J.C. *Nosso lugar no universo*: uma questão de espaço-tempo. São Paulo: Siciliano, 1991.

SPINDELDREIER, Frei A. "Feminilidade", na revista *Grande Sinal* 40 (1970) 83-92.

TOURAINE, A. *Crítica da Modernidade*. Petrópolis: Vozes, 1994.

SUSIN, L.C. *O homem messiânico* – Uma introdução ao pensamento de Emmanuel Lévinas. Petrópolis: Vozes, 1984.

UNGER, N.M. *O encantamento do humano*. São Paulo: Loyola 1991.

VATTIMO, G. *O fim da modernidade* – Niilismo e hermenêutica na cultura pós-moderna. Rio de Janeiro: Martins Fontes, 1997.

WOOLGER, J.B. *A deusa interior*. São Paulo: Cultrix, 1997.

# VIII

## *Ressonâncias do cuidado*

*O* cuidado como modo-de-ser perpassa toda existência humana e possui ressonâncias em diversas atitudes importantes. Através dele as dimensões de céu (transcendência) e as dimensões de terra (imanência) buscam seu equilíbrio e co-existência. Realiza-se também no reino dos seres vivos, pois toda vida precisa de cuidado, caso contrário adoece e morre. Basta citar o exemplo do Tucunaré, um de nossos peixes mais apreciados. Pai e mãe têm imenso cuidado com seus filhotes (alevinos). Fazem o ninho escavando um buraco no fundo do rio e circulam sempre ao redor para protegê-los. Quando ensaiam sair do ninho, os acompanham com cuidado e os alertam contra a dispersão. Ao mínimo risco os filhotes voltam todos juntos ao ninho guiados pelos pais. Os retardatários são recolhidos cuidadosamente dentro da boca dos pais e devolvidos ao grupo.

Vamos inventariar algumas das muitas ressonâncias do cuidado. Trata-se de conceitos afins que se desentranham do cuidado e o traduzem em distintas concreções. Privilegiamos estas sete: o amor como fenômeno biológico, a justa medida, a ternura, a carícia, a cordialidade, a convivialidade e a compaixão. Poder-se-ia acrescentar ainda a sinergia, a hospitalidade, a cortesia e a gentileza. Mas elas estarão implícitas nas que abordaremos.

## 1 O amor como fenômeno biológico

Amor é uma das palavras mais desgastadas de nossa linguagem. E como fenômeno interpessoal, um dos mais desmoralizados. Abordaremos o tema do amor na ótica fecunda de um dos maiores biólogos contemporâneos, o chileno Humberto Maturana. Em suas reflexões o amor é contemplado como um fenômeno biológico. Ele se dá dentro do dinamismo da vida, desde as suas realizações mais primárias, de bilhões e bilhões de anos atrás, até as mais complexas no nível humano. Vejamos como se introduz o amor no universo.

Na natureza se verificam dois tipos de acoplamentos dos seres com seu meio, um necessário e outro espontâneo. O primeiro, o necessário, faz com que todos os seres estejam interconectados uns aos outros e acoplados aos respectivos ecossistemas* como garantia para a sobrevivência. Mas há um outro acoplamento que se realiza espontaneamente. Os seres interagem sem razões de sobrevivência, por puro prazer, no fluir de seu viver. Trata-se de encaixes dinâmicos e recíprocos entre os seres vivos e os sistemas orgânicos. Não há justificativas para eles. Acontecem porque acontecem. É um evento original da vida em sua pura gratuidade.

Quando um acolhe o outro e assim se realiza a coexistência, surge o amor como fenômeno biológico. Ele tende a expandir-se e a ganhar formas mais complexas. Uma destas formas é a humana. Ela é mais que simplesmente espontânea como nos demais seres vivos; é feita projeto da liberdade que acolhe conscientemente o outro e cria condições para que o amor se instaure como o mais alto valor da vida.

Nessa deriva surge o amor ampliado que é a socialização. O amor é o fundamento do fenômeno social e não uma consequência dele. Em outras palavras, é o amor que dá origem à sociedade; a sociedade existe porque existe o amor e não ao contrário, como convencionalmente se acredita. Se falta o amor (o fundamento) destrói-se o social. Se, não obstante, o social persistir, ganha a forma de agregação forçada, de dominação e de violência de uns contra os outros, coagidos a encaixar-se. Por isso sempre que se destrói o encaixe e a congruência entre os seres, destrói-se o amor e, com isso, a sociabilidade. O amor é sempre uma abertura ao outro e uma con-vivência e co-munhão com o outro.

Não foi a luta pela sobrevivência do mais forte que garantiu a persistência da vida e dos indivíduos até os dias de hoje, mas a cooperação e a coexistência entre eles. Os hominídeos*, de milhões de anos atrás, passaram a ser humanos na medida em que mais e mais partilhavam entre si os resultados da coleta e da caça e compartilhavam seus afetos. A própria linguagem que caracteriza o ser humano surgiu no interior deste dinamismo de amor e de partilha.

A competição, enfatiza Maturana, é antissocial, hoje e outrora, porque implica a negação do outro, a recusa da partilha e do amor. A sociedade moderna neoliberal, especialmente o mercado, assenta-se na competição. Por isso é excludente, inumana e faz tantas vítimas. Essa lógica impede que seja portadora de felicidade e de futuro para a humanidade e para a Terra.

Como se caracteriza o amor humano? Responde Maturana: "o que é especialmente humano no amor não é o amor, mas o que fazemos no amor enquanto humanos...; é a nossa maneira particular de viver juntos como seres sociais na linguagem...; sem amor nós não somos seres sociais".

O amor é um fenômeno cósmico e biológico. Ao chegar ao nível humano, ele se revela como a grande força de agregação, de simpatia, de solidariedade. As pessoas se unem e recriam pela linguagem amorosa o sentimento de benquerença e de pertença a um mesmo destino e a uma mesma caminhada histórica.

Sem o cuidado essencial, o encaixe do amor não ocorre, não se conserva, não se expande nem permite a consorciação entre os seres. Sem o cuidado não há atmosfera que propicie o florescimento daquilo que verdadeiramente humaniza: o sentimento profundo, a vontade de partilha e a busca do amor.

## 2. A regra de ouro: a justa medida

No capítulo anterior nos confrontamos com a questão da justa medida entre o modo-de-ser-trabalho e o modo-de-ser-cuidado. Havíamos constatado o profundo desequilíbrio da cultura mundializada sob a ditadura do modo-de-ser-trabalho. A questão é: Quanto de cuidado devemos incorporar para resgatar o equilíbrio perdido? Eis uma questão fundamental para a teoria e a prática.

Façamos uma primeira constatação: o sentido da medida é encontrado em muitos campos que vão da geometria à religião. Mas é especialmente no campo da ética que a justa medida assume uma importância axial. Trata-se de encontrar o *ótimo relativo,* o equilíbrio entre o mais e o menos.

Por um lado, a medida é sentida negativamente como limite às nossas pretensões. Daí nasce a vontade e até o prazer de ultrapassar o limite e de violar o proibido. Por outro, é sentida positivamente como a capacidade de usar, de forma moderada, potencialidades naturais, sociais e pessoais para que mais possam durar e reproduzir-se. Isso só é possível quando se estabelece um certo equilíbrio e uma justa medida. A justa medida se alcança pelo reconhecimento realista, pela aceitação humilde e pela ótima utilização dos limites, conferindo sustentabilidade a todos os fenômenos e processos, à Terra, às sociedades e às pessoas.

Especialmente forte é esta busca nas culturas da bacia mediterrânea, particularmente entre os egípcios, gregos latinos e hebreus. Diz-se até que é o espaço da cultura da medida e também da desmedida porque lá foram elaboradas as ideologias mais excessivas e as guerras sem qualquer contenção. Esta busca é preocupação central no budismo e na filosofia ecológica do Feng-shui chinês. Para todas o símbolo era a balança e as respectivas divindades femininas, tutoras do equilíbrio.

A busca da medida está cercada de questões espinhosas que não devem ser escamoteadas como:

– Qual é a medida justa?

– Quem estabelece a medida justa?

– A partir de que fontes de conhecimento se estabelece a medida justa?

– A medida não depende sempre das culturas, das situações históricas diferentes, da subjetividade humana pessoal e coletiva?

– Quem é responsável pela observância da medida justa estabelecida?

Não pretendemos responder a cada uma dessas questões. Isso nos levaria longe. Mas tentaremos uma reflexão que minimamente as englobe.

Muitos foram os caminhos seguidos para fundar uma justa medida. Geralmente se apoiavam numa única pilastra: ou deriva somente da natureza; ou somente da razão universal; ou unicamente das ciências empíricas; ou somente da sabedoria dos povos; ou unicamente das religiões; ou somente da revelação divina contida nos textos sagrados da tradição judaico-cristã, dos Upanishad*, do taoismo*.

Hoje mais e mais estamos convencidos de que nada pode ser reduzido a uma única causa (monocausalidade) ou a um único fator. Pois nada é linear e simples. Tudo é complexo e vem urdido de inter-retro-relações e de redes de inclusões. Por isso precisamos articular aquelas várias pilastras. Elas sustentam uma ponte que poderá levar-nos a soluções mais integradoras. Pois todas elas trazem alguma luz e comunicam alguma verdade. Sabedoria é ver cada porção dentro de um todo articulado qual bela figura de mosaico composta de milhares de pastilhas e deslumbrante bordado feito de mil fios coloridos.

## a) Medida justa e natureza

Por natureza entendemos o conjunto dos seres orgânicos e inorgânicos, as energias e os campos energéticos e morfogenéticos que existem organizados em sistemas dentro de outros sistemas maiores, sejam ou não afetados pela intervenção humana, constituindo um todo orgânico, dinâmico e em busca de um equilíbrio. O ser humano é parte e parcela da natureza e entretém com ela uma sofisticada rede de relações, fazendo com que ele copilote o processo de evolução junto com as forças diretivas da Terra.

A natureza é uma realidade tão complexa e vasta que não pode ser apanhada por nenhuma definição. O que é a natureza em si permanece um mistério, como mistério é o ser e o nada. O que possuímos são discursos culturais sobre a natureza: dos antigos, do hinduísmo* na Índia, do taoismo* na China, do zen-budismo* no Japão, da moderna ciência copernicana, da mecânica quântica, da teoria dos sistemas abertos, da biologia genética e molecular, da nova cosmologia baseada nas ciências da Terra. Nossa compreensão muito deve a estas tradições, especialmente à última vertente. Em função de cada compreensão decide-se que tipo de natureza deve ser preservada.

Quando contemplamos a natureza, a despeito das expressões caóticas e da intrincadíssima complexidade, salta logo aos olhos uma medida imanente que resulta não das partes tomadas isoladamente, mas do todo orgânico e vivo. Há harmonia e equilíbrio. Ela não é biocentrada, centrada só na vida, mas no equilíbrio dinâmico entre vida e morte.

Para os contemporâneos a natureza resulta de um imenso processo de evolução que vai além do modelo de Charles Darwin (1809-1882) que fundamentalmente a restringia à biosfera. A compreensão atual – chamada de teoria da evolução sintética – entende a evolução como uma teoria universal: a partir do *big-bang* tudo no universo está em evolução. Esse processo não é linear, mas dá saltos, conhece flutuações* e bifurcações. Não só se expande, mas cria possibilidades novas. Significa que as leis naturais não possuem caráter determinístico, mas probabilístico.

Os conhecimentos da termodinânica* nos sinalizam que a vida e qualquer novidade no universo surge a partir de certa distância e de certa ruptura do equilíbrio. Essa ausência de medida, embora momentânea, provoca a auto-organização (autopoiese*) que cria uma nova estabilidade e um novo equilíbrio dinâmico. É dinâmico porque continuamente se refaz, não pela reprodução do equilíbrio anterior, mas pela criação de um novo, mediante o diálogo com o meio e uma nova adaptação. A lógica da natureza em processo evolutivo é esta: organização-quebra do equilíbrio-desorganização-nova relação-novo equilíbrio-nova organização. E assim permanentemente.

Não significa que a natureza não possua uma medida (leis da natureza); ela possui uma medida não estática e mecânica, mas dinâmica e flutuante, caracterizada por constâncias e variações. Há fases de ruptura para logo em seguida gestar nova regularidade. O clima da Terra por exemplo, que já tem 3,8 bilhões de anos, passou por turbulências e terríveis devastações. A Terra já foi quase duas vezes mais quente que hoje, mas apesar disso, mostrou ao longo do tempo bilionário um incrível equilíbrio dinâmico que tem favorecido benevolamente todas as formas de vida.

A natureza vista como um todo não impõe prescrições. Aponta para tendências e regularidades que podem ir em várias direções. Cabe ao ser humano desenvolver uma sensibilidade tal que lhe permita captar essas tendências e tomar suas decisões. A natureza não o dispensa de decidir e de exercer a sua liberdade. Só então ele se mostra um ser ético.

Esse espaço de intervenção e criação do ser humano consciente e responsável é um dado da natureza. Assim como ela continuamente busca, faz e refaz dinamicamente uma medida, da mesma forma deve o ser humano buscar a justa medida. Não de uma vez por todas, mas sempre em atenção ao que está ocorrendo na natureza, na história e nele mesmo. A medida justa muda. O que não muda, é a permanente busca da justa medida.

Há de se considerar ainda o processo global que mostra uma seta do tempo apontando sempre para frente e para cima, processo que quanto mais avança, menos se autocopia, menos clonagens faz e mais diversidades apresenta. As medidas variam, mas cada medida encontrada serve a um propósito superior de levar mais avante a seta da evolução.

## b) *Medida justa e* pathos

Como o ser humano capta essa medida multidimensional da natureza? Não basta o saber racional, nem a vontade obediente de identificar regularidades, dispensando a criatividade humana e o exercício da liberdade, próprias do ser humano. Importa desenvolver uma atitude atenta de escuta, um sentimento profundo de identificação com a natureza, com suas mudanças e estabilidades. O ser humano precisa sentir-se natureza. Quanto mais mergulha nela, mais sente quando deve mudar e quando deve conservar em sua vida e em suas relações.

Os povos indígenas nos dão o melhor exemplo de como escutar a natureza. Por uma afinidade profunda com ela, com os solos, as chuvas, as nuvens, os ventos, as águas, as plantas e os animais sabem, de golpe, o que vai acontecer e que atitude tomar. Estão tão unidos à Terra como seus filhos e filhas, como a própria Terra falante e pensante, que captam, imediatamente, o que vai ocorrer na natureza. Ou melhor, a natureza fala com eles e por eles.

Investigações feitas em grandes centros metropolitanos europeus e norte-americanos constataram que um aumento de conhecimentos acerca da crise ecológica e das feridas da Terra não leva necessariamente a uma transformação nas atitudes de mais respeito e de mais veneração para com ela. O que é imprescindível não é o saber, afirmam, mas o sentir. Quanto mais uma pessoa sofre com a degradação do meio ambiente, indigna-se com o sofrimento dos animais e revolta-se contra a destruição da mancha verde da Terra, mais desenvolve novas atitudes de compaixão, de enternecimento, de proteção da natureza e uma espiritualidade cósmica.

Novamente encontramos aqui o *pathos**, sentimento profundo, na raiz do novo paradigma de convivência com a Terra. Dessa ausculta da Terra e da paixão por ela, nasce o cuidado essencial. Sem essa escuta cuidadosa não ouviremos a grande voz da Terra a convidar-nos para a sinergia*, a compaixão, a coexistência pacífica com todos os seres.

Essa atitude é exigida, por exemplo, no âmbito da biotecnologia, um dos campos mais avançados da ciência. Qual a justa medida na intervenção no código genético humano? Ela não se encontra escrita em nenhum lugar. O ser humano precisa estabelecê-la a partir de uma profunda sensibilidade e comunhão com a própria vida. Se ele entrar no seu laboratório de experimentação genética como quem entra num templo e operar os processos como quem faz uma liturgia – pois a vida é misteriosa e sagrada e demanda tais atitudes de reverência – sentirá, mais do que simplesmente saberá, o que pode ou não fazer. É o sentir carregado de cuidado, de responsabilidade e de compaixão. A partir desse *pathos** se torna absurdo querer subordinar o novo conhecimento genético à obtenção de lucros, como se a vida fosse uma simples mercadoria colocada no balcão de compras e vendas.

A atitude de sentir com cuidado deve transformar-se em cultura e demanda um processo pedagógico para além da escola formal que atravessa as instituições e faz surgir um novo estado de consciência e de conexão com a Terra e com tudo o que nela existe e vive.

Como reza tão bem o Salmo (119,19), sentimo-nos "hóspedes nesta Terra", hóspedes respeitosos do hospedeiro Terra. E deixamos a Casa Comum sempre em ordem para outros hóspedes que vierem depois de nós.

## 3  A ternura vital

A ternura vital é sinônimo de cuidado essencial. A ternura é o afeto que devotamos às pessoas e o cuidado que aplicamos às situações existenciais. É um conhecimento que vai além da razão, pois mostra-se como inteligência que intui, vê fundo e estabelece comunhão. A ternura é o cuidado sem obsessão: inclui também o trabalho, não como mera produção utilitária, mas como obra que expressa a criatividade e a autorrealização da pessoa. Ela não é efeminação e renúncia de rigor no conhecimento. É um afeto que, à sua maneira, também conhece. Na verdade só conhecemos bem quando nutrimos afeto e nos sentimos envolvidos com aquilo que queremos conhecer. A ternura pode e deve conviver com o extremo empenho por uma causa, como foi exemplarmente demonstrado pelo revolucionário absoluto Che Guevara (1928-1968). Dele guardamos a sentença inspiradora: "hay que endurecer pero sin perder la ternura jamás".

A ternura emerge do próprio ato de existir no mundo com os outros. Não existimos, coexistimos, con-vivemos e co-mungamos com as realidades mais imediatas. Sentimos nossa ligação fundamental como a totalidade do mundo. Esse sentimento é mais do que uma moção psicológica, é um modo de ser existencial que perpassa todo o ser. A concentração no sentimento gera o sentimentalismo. O sentimentalismo é um produto da subjetividade mal integrada. É o sujeito que se dobra sobre si mesmo e celebra as suas sensações. Ao contrário, a ternura irrompe quando o sujeito se descentra de si mesmo, sai na direção do outro, sente o outro como outro, participa de sua existência, deixa-se tocar pela sua história de vida. O outro marca o sujeito. Este demora-se no outro não pelas sensações que lhe produz, mas por amor, pelo apreço de sua diferença e pela valorização de sua vida e luta.

A relação de ternura não envolve angústia porque é livre de busca de vantagens e de dominação. O enternecimento é a força própria do coração, é o desejo profundo de compartir caminhos. A angústia do outro é minha angústia, seu sucesso é meu sucesso e sua salvação ou perdição é minha salvação e perdição, não só minha, mas de todos os seres humanos.

Blaise Pascal (1623-1662), filósofo e matemático francês do século XVII, introduziu uma distinção importante para nos ajudar a entender o cuidado e a ternura: o *esprit de finesse* e o *esprit de géometrie*.

O *esprit de finesse* é o espírito de finura, de sensibilidade, de cuidado e de ternura. O espírito não só pensa e raciocina. Vai além e acrescenta sensibilidade, intuição e capacidade de união ao raciocínio e ao pensamento. Do espírito de finura nasce o mundo das excelências, das grandes significações, dos valores e dos compromissos para os quais vale dispender energias e tempo.

O *esprit de géometrie* é o espírito calculatório e obreirista, interessado na eficácia e no poder. É o modo-de-ser que imperou na modernidade. Ele colocou num canto, sob muitas suspeitas, tudo o que tem a ver com o afeto, o enternecimento e o cuidado essencial. Daí deriva também o vazio aterrador de nossa cultura "geométrica" com sua pletora de sensações, mas sem experiências profundas; com um acúmulo fantástico de saber, mas com parca sabedoria, com demasiado vigor da musculação, do sexualismo, dos artefatos de destruição mostrados nos *serial killer*, mas sem ternura e cuidado para com a Terra, para com seus filhos e filhas, para com o futuro comum de todos.

## 4 A carícia essencial

A carícia constitui uma das expressões máximas do cuidado. Por que dizemos carícia essencial? Porque queremos distingui-la da carícia como pura excitação psicológica, em função de uma benquerença fugaz e sem história. A carícia-excitação não envolve o todo da pessoa. A carícia é essencial quando se transforma numa atitude, num modo de ser que qualifica a pessoa em sua totalidade, na psique, no pensamento, na vontade, na interioridade, nas relações que estabelece.

O órgão da carícia é, fundamentalmente, a mão: a mão que toca, a mão que afaga, a mão que estabelece relação, a mão que acalenta, a mão que traz quietude. Mas a mão não é simplesmente mão. É a pessoa humana que através da mão e na mão revela um modo-de-ser carinhoso. A carícia toca o profundo do ser humano, lá onde se situa seu centro pessoal. Para que a carícia seja verdadeiramente essencial precisamos afagar o eu profundo e não apenas o ego superficial da consciência.

A carícia que nasce do centro confere repouso, integração e confiança. Daí o sentido do afago. Ao acariciar a criança, a mãe lhe comunica a experiência mais orientadora que existe: a confiança fundamental na bondade da realidade e do universo; a confiança de que, no fundo, tudo tem sentido; a confiança de que a paz e não o conflito é a palavra derradeira; a confiança na acolhida e não na exclusão do grande Útero.

Como a ternura, a carícia exige total altruísmo, respeito pelo outro e renúncia a qualquer outra intenção que não seja a da experiência de querer bem e de amar. Não é um roçar de peles, mas um investimento de carinho e de amor através da mão e da pele.

O afeto não existe sem a carícia, a ternura e o cuidado. Assim como a estrela precisa de aura para brilhar, assim o afeto precisa da carícia para sobreviver. É a carícia da pele, do cabelo, das mãos, do rosto, dos ombros, da intimidade sexual que confere concretitude ao afeto e ao amor. É a qualidade da carícia que impede o afeto de ser mentiroso, falso ou dúbio. A carícia essencial é leve como um entreabrir suave da porta. Jamais há carícia na violência de arrombar portas e janelas, quer dizer, na invasão da intimidade da pessoa.

Disse com precisão o psiquiatra colombiano Luís Carlos Restrepo: "A mão, órgão humano por excelência, serve tanto para acariciar como para agarrar. Mão que agarra e mão que acaricia são duas facetas extremas das possibilidades de encontro inter-humano". No contexto de nossa reflexão, a mão que agarra corporifica o modo-de-ser-trabalho. Agarrar é expressão do poder sobre, da manipulação, do enquadramento do outro ou das coisas ao meu modo de ser. A mão que acaricia representa o modo-de-ser-cuidado, pois "a carícia é uma mão revestida de paciência que toca sem ferir e solta para permitir a mobilidade do ser com quem entramos em contato".

# 5 A cordialidade fundamental

A justa medida, a ternura vital, a carícia essencial e a cordialidade fundamental são qualidades existenciais, quer dizer, formas de estruturação do ser humano naquilo que o faz humano. O cuidado, com a corte de suas ressonâncias, é o artesão de nossa humanidade. Isso vale também para a cordialidade, tão mal interpretada na cultura brasileira desde que foi introduzida como categoria de análise sociológica no final dos anos de 1930.

Normalmente ela é tomada como expressão da emotividade no sentido psicológico, em contraposição à racionalidade. Diz-se que o brasileiro é cordial. E o é de fato. Coloca nas coisas mais coração que lógica. Mas cuidado! O coração-emotividade pode produzir tanto o fino trato, o senso da hospitalidade, a exuberância contida do prazer, como os rompantes de violência e os ódios profundos característicos de certas famílias do Nordeste canavieiro. Essas contradições se mostram mais nas elites nacionais do que nas camadas populares, pois elas historicamente "caparam e recaparam, sangraram e ressangraram o povo brasileiro" (Capistrano de Abreu).

Quando falamos de cordialidade como ressonância do cuidado pensamos em outra direção. Vemos o coração como uma dimensão do espírito de finura, como capacidade de captar a dimensão de valor presente nas pessoas e nas coisas.

O decisivo não são os fatos. Mas o que os fatos produzem de significações em nós, enriquecendo-nos e transformando-nos. Aqui surge a dimensão de valor, daquilo que conta, pesa e definitivamente nos interessa. O valor transforma os fatos em símbolos e em sacramentos. Deixam de ser fatos simplesmente ocorridos e passados, mas se tornam portadores de evocação, de significação e de memória.

Ora, é próprio do coração captar a dimensão axiológica, valorativa do Ser em sua totalidade e em suas manifestações nos entes concretos. Cordialidade significa então aquele modo de ser que descobre um coração palpitando em cada coisa, em cada pedra, em cada estrela e em cada pessoa. É aquela atitude tão bem retratada pelo Pequeno Príncipe: "só se vê bem com o coração". O coração consegue ver além dos fatos; vê seu encadeamento com a totalidade; discerne significações e descobre valores. A cordialidade supõe a capacidade de sentir o coração do outro e o coração secreto de todas as coisas. A pessoa cordial ausculta, cola o ouvido à realidade, presta atenção e põe cuidado em todas as coisas.

Na América Latina, foi a cultura náhuatl dos astecas do México que conferiu especial significação ao coração. A definição de ser humano não é, como entre nós, a de um animal racional, mas a de "dono de um rosto e de um coração". O rosto identifica e distingue o ser humano de outros seres humanos. Pelo rosto o ser humano se relaciona eticamente com o outro. No rosto fica estampado se o acolhemos, se dele desconfiamos, se o excluímos. O coração, por sua vez, define o modo-de-ser e o caráter da pessoa, o princípio vital donde provêm todas as suas ações.

A educação refinada dos astecas, conservada em belíssimos textos, visava formar nos jovens um rosto claro, bondoso e sem sombras, aliado a um coração firme e caloroso, determinado e hospitaleiro, solidário e respeitoso das coisas sagradas. Segundo eles, era do coração que nascia a religião que utilizava "a flor e o canto" para venerar suas divindades. Colocavam coração em todas as coisas que faziam. Essa cordialidade passava às obras de arte que criavam. O grande pintor renascentista alemão, Albrecht Dürer, ao contemplar, em 1520, objetos de arte astecas doados ao Imperador Carlos V por Hernan Cortés, deixou consignado em seu diário este testemunho: "Em toda a minha vida não vi nada que haja alegrado tanto meu coração como estas coisas. Nelas encontrei objetos maravilhosamente artísticos e me admirei da genialidade sutil dos homens destas terras estranhas". Era a ressonância do cuidado e da compaixão expressando-se nos objetos de arte astecas.

## 6 A convivialidade necessária

Acolitando a cordialidade, vem a convivialidade. A convivialidade, como conceito, foi posta em circulação por Ivan Illich, um dos grandes profetas latino-americanos. Nascido em Viena em 1926, trabalhou na América Latina ou com os latinos nos Estados Unidos. Através da convivialidade, tentou responder a duas crises da atualidade, intimamente interligadas: a crise do processo industrialista e a crise ecológica.

Vejamos em primeiro lugar a crise do processo industrialista. A relação do ser humano sobre o instrumento se tornou uma relação do instrumento sobre o ser humano. Criado para substituir o escravo, o instrumento tecnológico acabou por escravizar o ser humano ao visar a produção em massa. Fez surgir uma sociedade de aparatos, mas sem alma. A produção industrial vigente não combina com a fantasia e a criatividade dos trabalhadores. Deles só quer utilizar a força de trabalho, muscular ou intelectual. Quando incentiva a criatividade, é em vista da qualidade total do produto que beneficia mais a empresa do que o trabalhador.

Entretanto, constitui um sinal dos tempos o fato de muitos empresários tomarem consciência desta distorção e se confrontarem diretamente com a desumanização da sociedade industrial. Muitos começam a colocar na agenda da empresa a discussão sobre o novo paradigma da re-ligação, a subjetividade, a espiritualidade e as relações de cooperação e de sinergia entre todos, empresários e trabalhadores.

O que se entende por convivialidade? Entende-se a capacidade de fazer conviver as dimensões de produção e de cuidado, de efetividade e de compaixão; a modelagem cuidadosa de tudo o que produzimos, usando a criatividade, a liberdade e a fantasia; a aptidão para manter o equilíbrio multidimensional entre a sociedade e a natureza, reforçando o sentido de mútua pertença.

A convivialidade visa combinar o valor técnico da produção material com o valor ético da produção social e espiritual. Depois de termos elaborado a economia dos bens materiais, importa desenvolver, urgentemente, a economia das qualidades humanas. O grande capital, infinito e inesgotável, não é porventura o ser humano?

Os valores humanos da sensibilidade, do cuidado, da convivialidade e da veneração podem impor limites à voracidade do poder-dominação e à produção-exploração.

Em segundo lugar, convivialidade se entende como uma derradeira resposta à crise ecológica, produzida pelo processo industrialista dos últimos quatro séculos. O processo irresponsável de depredação do ambiente pode provocar uma dramática devastação do sistema-Terra e de todas as organizações que o gerenciam.

Esse cenário não é de forma alguma improvável. Ele ocorreu antes, com a derrocada da bolsa de Wall Street em 1929. Naquela ocasião era apenas uma crise parcial do sistema capitalista. Agora se trata de uma crise do sistema global. Num contexto de ruptura generalizada, a primeira reação do sistema imperante será certamente aumentar o controle planetário e usar violência massiva para garantir a manutenção do processo produtivo e do sistema financeiro. Tal diligência, em vez de aliviar a crise, a radicalizará por causa do crescimento do desemprego tecnológico e da ineficácia das políticas de integração das vítimas dentro da única sociedade mundial.

Segundo Illich, a crise pode transformar-se em catástrofe de dimensões apocalípticas. Mas pode ser também uma chance única para definir um uso convivial dos instrumentos tecnológicos a serviço da preservação do planeta, do bem-estar da humanidâde e da cooperação entre os povos.

Para se chegar a esse novo patamar, provavelmente a humanidade deverá passar por uma Sexta-feira Santa sinistra, que precipitará no abismo a ditadura do modo-de-ser-trabalho-produção-material. Só então poderá haver um domingo de ressurreição, a reconstrução da sociedade mundial sobre a base do cuidado.

O primeiro parágrafo do novo pacto social entre os povos sobreviventes definirá o estabelecimento sagrado da autolimitação e a obrigação de viver sob a justa medida, no cuidado para com a herança que recebemos do universo, na ternura essencial para com os humanos e no respeito pelos outros seres da criação. A produção será convivial, pois garantirá o suficiente para atender as necessidades humanas e o adequado para realizar projetos solidários. O ser humano terá aprendido a usar os instrumentos tecnológicos como meios e não como fins; terá aprendido a con-viver com todas as coisas como seus irmãos e irmãs, sabendo tratá-las com reverência e respeito.

Quando esse evento bem-aventurado ocorrer, ter-se-á inaugurado o novo milênio como a vigência de um novo paradigma de civilização, mais propício à vida, na justiça e na fraternura entre todos.

## 7 A compaixão radical

Esta última irradiação do cuidado – a compaixão radical – representa a contribuição maior que o budismo ofereceu à humanidade. Ela é considerada a virtude pessoal de Buda, cujo nome real era Siddharta Gautama que viveu entre o VI-V séculos antes de nossa Era. A compaixão se insere dentro da experiência básica do budismo, articulando dois movimentos diferentes, mas complementares: o desapego total do mundo, mediante a ascese e o cuidado com o mundo, mediante a compaixão. Pelo desapego, o ser humano se liberta da escravidão do desejo de posse e de acumulação. Pelo cuidado, religa-se ao mundo afetivamente, responsabilizando-se por ele.

A com-paixão não é um sentimento menor de "piedade" para com quem sofre. Não é passiva, mas altamente ativa.

Com-paixão, como a filologia latina da palavra o sugere, é a capacidade de com-par-tilhar a paixão do outro e com o outro. Trata-se de sair de seu próprio círculo e entrar na galáxia do outro enquanto outro para sofrer com ele, alegrar-se com ele, caminhar junto com ele e construir a vida em sinergia com ele.

Em primeiro lugar, essa atitude leva à renúncia de dominar e, no limite, de matar qualquer ser vivo, recusando toda violência contra a natureza. Em segundo lugar, procura construir a comunhão a partir dos que mais sofrem e mais são penalizados. Somente começando pelos últimos é que se abre a porta para uma sociedade realmente integradora e includente. A filosofia chinesa do Feng-shui*, como veremos, propõe uma forma cuidadosa de tratar a natureza e de organizar ecologicamente os jardins e a casa humana.

No hinduísmo* temos a "ahimsa" que corresponde à com-paixão budista. É a atitude de não violência, pela qual se procura evitar qualquer sofrimento ou constrangimento a outros seres. Muitos textos sagrados hindus ensinam a tratar todos os seres com o mesmo cuidado e a mesma reverência com que tratamos nossas crianças. Gandhi foi o gênio moderno da "ahimsa".

A tradição do Tao conhece um conceito semelhante, o "wu wei". Trata-se de uma virtude ativa: harmonizar-se com a medida de cada coisa, deixar ser e não interferir. Ao renunciar às coisas, lutando contra nossa vontade de possuir, exercemos o "wu wei", quer dizer, entramos em comunhão com as coisas, captamos sua dança e juntos dançamos.

O judeo-cristianismo conhece a "rahamim", a misericórdia. Em hebraico "rahamim" significa ter entranhas e com elas sentir a realidade do outro, especialmente de quem sofre. Significa, portanto, con- sentir mais do que entender e mostrar capacidade de identificação e com-paixão com o outro. A misericórdia é considerada a característica básica da experiência espiritual de Jesus de Nazaré. Ele experimentou e anunciou um Deus Pai cuja misericórdia não tem limites: "dá o sol e a chuva a justos e injustos" e não deixa de "amar os ingratos e maus". Ele é o Deus misericordioso com o filho pródigo, com a ovelha tresmalhada, com a pecadora pública. É um Pai com características de Mãe. Ele mesmo mostra misericórdia com aqueles que o levaram à cruz.

O Salmo 103 expressa muito bem a centralidade divina da misericórdia: "O Senhor é rico em misericórdia, não está sempre acusando nem guarda rancor para sempre; como um pai sente compaixão pelos filhos e filhas porque Ele conhece nossa natureza e se lembra de que somos pó; a misericórdia do Senhor é desde sempre para sempre" (versículos 8-17).

No momento supremo, quando tudo se decidir, seremos julgados pelo mínimo de compaixão e de misericórdia que tivermos tido com os famintos, os sedentos, os nus e os encarcerados (Mt 25,36-41). Esse critério da com-paixão é idêntico entre cristãos, egípcios e tibetanos, amplamente retratado nos seus respectivos livros sagrados.

Concluindo: essas ressonâncias, entre outras, são eco do cuidado essencial. Trata-se de vozes diferentes cantando a mesma cantilena. É o amor, a justa medida, a ternura, a carícia, a cordialidade, a convivialidade e a compaixão que garantem a humanidade dos seres humanos. Através desses modos-de-ser, os humanos continuamente realizam sua autopoiese*, vale dizer, sua autoconstrução histórica. Simultaneamente constroem a Terra e preservam as tribos da Terra com suas culturas, seus valores, seus sonhos e suas tradições espirituais.

## Bibliografia para aprofundamento

ALBERONI, F. *Enamoramento e amor*. Rio de Janeiro: Rocco, 1988.

_____. *O erotismo*. Rio de Janeiro: Rocco, 1988.

APPIAH, K.A. *Na casa de meu pai* – A África na filosofia da cultura. Rio de Janeiro: Contraponto, 1997.

ARANA, M.J. *Rescatar lo Femenino para reanimar la Tierra*. Barcelona: Cristianisme e Justicia, 1997.

ASSMANN, H. *Reencantar a educação* – Rumo à sociedade aprendente. Petrópolis: Vozes, 1998.

_____. *Metáforas novas para reencantar a educação*. Piracicaba: Unimep, 1996.

BARLETTA, R. *El quinto mandamento*. Buenos Aires: Lohlé/Lumen, 1996.

BENHABIB, S. & CORNELL, D. (coord.). *Feminismo como crítica da modernidade*. Rio de Janeiro: Rosa dos Tempos, 1991.

BERRY, Th. *O sonho da Terra*. Petrópolis: Vozes, 1991.

BOFF, L. *Brasa sob cinzas* – Estórias do anticotidiano. Rio de Janeiro: Record, 1997.

_____. São Francisco: a irrupção da ternura e da convivialidade, em *Francisco de Assis, ternura e vigor*. Petrópolis: Vozes, 1981.

CAROTENUTO, A. *Eros e Pathos*. São Paulo: Paulus, 1994.

DEMO, P. *Conhecimento moderno* – Sobre ética e intervenção do conhecimento. Petrópolis: Vozes, 1998.

DA MATTA, R. *Ensaios de antropologia estrutural*. Petrópolis: Vozes, 1977.

DOCZI, G. *O poder dos limites*: harmonias e proporções na natureza, arte e arquitetura. São Paulo: Mercuryo, 1990.

FOX, M. *A Spirituality named Compassion*. San Francisco: Harper & Row, 1990.

GIDDENS, A. *A transformação da intimidade* – Sexualidade, amor, erotismo nas sociedades modernas. São Paulo: Editora da Unesp, 1993.

HARDING, M.E. *Os mistérios da mulher*. São Paulo: Paulinas, 1985.

HILLMAN, J. *Uma busca interior em psicologia e religião*. São Paulo: Edições Paulinas, 1985.

HOLANDA, S.B. de. O homem cordial, em *Raízes do Brasil*. Rio de Janeiro: José Olympio, 1989, 101-112.

IMBASCIATI, A. *Afeto e representação*. São Paulo: Editora 34, 1998.

ILLICH, I. *La convivialità*. Milão: Mondadori, 1974.

LENOBLE, R. *História da ideia de natureza*. Lisboa: Edições 70, 1990.

LEONARD, G. *Educação e êxtase*. Rio de Janeiro: Summus Editorial, 1988.

LEVY, P. *A inteligência coletiva* – Para uma antropologia do ciberespaço. Edições Loyola, 1998.

LEWIN, R. *Complexidade* – A vida no limite do caos. Rio de Janeiro: Rocco, 1994.

MAY, R. *Eros e repressão, amor e vontade*. Petrópolis: Vozes, 1973, o sentido do cuidado, p. 318-340.

LEÓN-PORTILLA, M. *Los antiguos mexicanos a través de sus crónicas y cantares*. México, 1983.

PARIS, G. *Meditações pagãs* – O mundo de Afrodite, Ártemis e Héstia. Petrópolis: Vozes 1994.

PRIGOGINE, I. *O fim das certezas* – Tempo, caos e as leis da natureza. São Paulo: Unesp, 1996.

RAYMUNDO, J. *Auto-organização* – Novas bases para o conhecimento humano? Rio de Janeiro: Ed. ideia, 1993.

RESTREPO, L.C. *O direito à ternura*. Petrópolis: Vozes, 1998.

ROSE, K. *O corpo humano no tempo* – Uma máquina com sentimentos, relações e transformações. São Paulo: McGraw Hill, 1990.

ROUANET, S.P. *A razão cativa* – As ilusões da consciência: de Platão a Freud. São Paulo: Brasiliense, 1985.

SANTOS, B.S. *Pela mão de Alice* – O social e o político na pós-modernidade. São Paulo, Cortez, 1995.

SCHELDRAKE, R. *O renascimento da natureza*. São Paulo: Cultrix, 1993.

SMART, J.J.C. *Nosso lugar no universo*: uma questão de espaço-tempo. São Paulo: Siciliano, 1991.

SUSIN, L.C. *O homem messiânico* – Introdução ao pensamento de Emmanuel Lévinas. Petrópolis: Vozes, 1984.

TOURAINE, A. *Crítica da Modernidade*. Petrópolis: Vozes, 1994.

VERHELST, T. *O direito à diferença*. Petrópolis: Vozes, 1992.

# IX

## Concretizações do cuidado

Depois de termos delineado o perfil do modo-de-ser-cuidado, importa mostrar como se concretiza em diferentes instâncias. Começaremos pelas mais gerais para chegarmos às mais singulares.

### 1 Cuidado com o nosso único planeta

Cuidado todo especial merece nosso planeta Terra. Temos unicamente ele para viver e morar. É um sistema de sistemas e superorganismo de complexo equilíbrio, urdido ao longo de milhões e milhões de anos. Por causa do assalto predador do processo industrialista dos últimos séculos esse equilíbrio está prestes a romper-se em cadeia. Desde o começo da industrialização, no século XVIII, a população mundial cresceu oito vezes, consumindo mais e mais recursos naturais; somente a produção, baseada na exploração da natureza, cresceu mais de cem vezes. O agravamento deste quadro com a mundialização do acelerado processo produtivo faz aumentar a ameaça e, consequentemente, a necessidade de um cuidado especial com o futuro da Terra.

Parca é a consciência coletiva que pesa sobre o nosso belo planeta. Os que poderiam conscientizar a humanidade desfrutam gaiamente a viagem em seu Titanic de ilusões. Mal sabem que podemos ir ao encontro de um *iceberg* ecológico que nos fará afundar celeremente.

Trágico é o fato de que faltam instâncias de gerenciamento global dos problemas da Terra. A ONU possui cerca de 40 projetos que tratam de problemas globais, como os climas, o desflorestamento, a contaminação do ar, dos solos e das águas, a fome, as epidemias, os problemas dos jovens, dos idosos, as migrações, entre outros. Ela é regida pelo velho paradigma das nações imperialistas que veem os estados-nações e os blocos de poder, mas não descobriram ainda a Terra como objeto de cuidado, de uma política coletiva de salvação terrenal.

Para cuidar do planeta precisamos todos passar por uma alfabetização ecológica e rever nossos hábitos de consumo. Importa desenvolver uma ética do cuidado.

O Programa das Nações Unidas para o Meio Ambiente (Pnuma), o Fundo Mundial para a Natureza (WWF) e a União Internacional para a Conservação da Natureza (UICN) elaboraram uma estratégia minuciosa para o futuro da vida sob o título: "Cuidando do planeta Terra" (Caring for the Earth 1991). Aí estabelecem nove princípios de sustentabilidade* da Terra. Projetam uma estratégia global fundada no cuidado:

1. Construir uma sociedade sustentável;

2. Respeitar e cuidar da comunidade dos seres vivos;

3. Melhorar a qualidade da vida humana;

4. Conservar a vitalidade e a diversidade do planeta Terra;

5. Permanecer nos limites da capacidade de suporte do planeta Terra;

6. Modificar atitudes e práticas pessoais;

7. Permitir que as comunidades cuidem de seu próprio meio ambiente;

8. Gerar uma estrutura nacional para integrar desenvolvimento e conservação;

9. Constituir uma aliança global.

Estes princípios dão corpo ao cuidado essencial com a Terra. O cuidado essencial é a ética de um planeta sustentável. Bem enfatizava o citado documento *Cuidando do planeta Terra*: "a ética de cuidados se aplica tanto em nível internacional como em níveis nacional e individual; nenhuma nação é autossuficiente; todos lucrarão com a sustentabilidade mundial e todos estarão ameaçados se não conseguirmos atingi-la". Só essa ética do cuidado essencial poderá salvar-nos do pior. Só ela nos rasgará um horizonte de futuro e de esperança.

## 2 Cuidado com o próprio nicho ecológico

O cuidado com a Terra representa o global. O cuidado com o próprio nicho ecológico representa o local. O ser humano tem os pés no chão (local) e a cabeça aberta para o infinito (global). O coração une chão e infinito, abismo e estrelas, local e global. A lógica do coração é a capacidade de encontrar a justa medida e construir o equilíbrio dinâmico.

Para isso cada pessoa precisa se descobrir como parte do ecossistema local e da comunidade biótica, seja em seu aspecto de natureza, seja em sua dimensão de cultura. Precisa conhecer os irmãos e as irmãs que compartem da mesma atmosfera, da mesma paisagem, do mesmo solo, dos mesmos mananciais, das mesmas fontes de nutrientes; precisa conhecer o tipo de plantas, animais e micro-organismos que convivem naquele nicho ecológico comum; precisa conhecer a história daquelas paisagens, visitar aqueles rios e montanhas, frequentar aquelas cascatas e cavernas; precisa conhecer a história das populações que aí viveram sua saga e construíram seu habitat, como trabalharam a natureza, como a conservaram ou a depredaram, quem são seus poetas e sábios, heróis e heroínas, santos e santas, os pais/mães fundadores de civilização local.

Tudo isso significa cuidar do próprio nicho ecológico, vivenciá-lo com o coração, como o seu próprio corpo estendido e prolongado; descobrir as razões para conservá-lo e fazê-lo desenvolver, obedecendo à dinâmica do ecossistema nativo.

O que vale para o indivíduo vale também para a comunidade local. Ela deve fazer o mesmo percurso de inserção no ecossistema local e cuidar do meio ambiente; utilizar seus recursos de forma frugal, minimizar desgastes, reciclar materiais, conservar a biodiversidade. Deve conhecer a sua história, os seus personagens principais, o seu folclore. Deve cuidar de sua cidade, de suas praças e lugares públicos, de suas casas e escolas, de seus hospitais e igrejas, de seus teatros, cinemas e estádios de esporte, de seus monumentos e da memória coletiva do povo. Assim, como exemplo, escolher as espécies vegetais do ecossistema local para plantar nos parques e vias públicas, e nos restaurantes valorizar a cozinha local e regional.

Esse cuidado com o nicho ecológico só será efetivo se houver um processo coletivo de educação, em que a maioria participe, tenha acesso a informações e faça "troca de saberes". O saber popular contido nas tradições dos velhos, nas lendas e nas estórias dos índios, caboclos, negros, mestiços, imigrantes, dos primeiros que aí viveram, confrontado e complementado com o saber crítico científico. Esses saberes revelam dimensões da realidade local e são portadores de verdade e de sentido profundo a ser decifrado e a ser incorporado por todos. O que daí resulta é uma profunda harmonia dinâmica do ecossistema* onde os seres vivos e inertes, as instituições culturais e sociais, enfim todos encontram seu lugar, interagem, se acolhem, se complementam e se sentem em casa.

## 3 Cuidado com a sociedade sustentável*

Atualmente quase todas as sociedades estão enfermas. Produzem má qualidade de vida para todos, seres humanos e demais seres da natureza. E não poderia ser diferente, pois estão assentadas sobre o modo de ser do trabalho entendido como dominação e exploração da natureza e da força do trabalhador. À exceção de sociedades originárias como aquelas dos indígenas e de outras minorias no sudeste da Ásia, da Oceania e do Ártico, todas são reféns de um tipo de desenvolvimento que apenas atende as necessidades de uma parte da humanidade (os países industrializados), deixando os demais na carência, quando não diretamente na fome e na miséria. Somos uma espécie que se mostrou capaz de oprimir e massacrar seus próprios irmãos e irmãs da forma mais cruel e sem piedade. Só neste século morreram em guerras, em massacres e em campos de concentração cerca de 200 milhões de pessoas. E ainda degenera e destrói sua base de recursos naturais não renováveis.

Não se trata somente de impor "Limites ao Crescimento" (título da primeira solução apresentada em 1972 pelo Clube de Roma), mas de mudar o tipo de desenvolvimento. Diz-se que o novo desenvolvimento deve ser sustentável*. Ora, não existe desenvolvimento em si, mas sim uma sociedade que opta pelo desenvolvimento que quer e que precisa. Dever-se-ia falar de sociedade sustentável* ou de um planeta sustentável como pré-condições indispensáveis para um desenvolvimento verdadeiramente integral.

Sustentável é a sociedade ou o planeta que produz o suficiente para si e para os seres dos ecossistemas* onde ela se situa; que toma da natureza somente o que ela pode repor; que mostra um sentido de solidariedade generacional, ao preservar para as sociedades futuras os recursos naturais de que elas precisarão. Na prática a sociedade deve se mostrar capaz de assumir novos hábitos e de projetar um tipo de desenvolvimento que cultive o cuidado com os equilíbrios ecológicos e funcione dentro dos limites impostos pela natureza. Não significa voltar ao passado, mas oferecer um novo enfoque para o futuro comum. Não se trata simplesmente de não consumir, mas de consumir responsavelmente.

O móvel deste tipo de desenvolvimento não está na mercadoria, nem no mercado, nem no estado, nem no setor privado, nem na produção de riqueza. Mas na pessoa humana, na comunidade e nos demais seres vivos que partilham com ela a aventura terrenal.

O desenvolvimento aqui vem concebido dentro de outro paradigma, já assimilado por certos setores da ONU. Numa conhecida declaração sobre o Direito dos Povos ao Desenvolvimento, de 18 de outubro de 1993, declarou a Comissão dos Direitos Humanos da ONU: "O desenvolvimento é um processo econômico, social, cultural e político abrangente, que visa constante melhoramento do bem-estar de toda a população e de cada pessoa, na base de sua participação ativa, livre e significativa e na justa distribuição dos benefícios resultantes dele". Nós acrescentaríamos ainda, no sentido da integralidade, a dimensão psicológica e espiritual do ser humano.

Dito em termos simples, o desenvolvimento social visa melhorar a qualidade da vida humana enquanto humana. Isso implica valores universais como vida saudável e longa, educação, participação política, democracia social e participativa e não apenas representativa, garantia de respeito aos direitos humanos e de proteção contra a violência, condições para uma adequada expressão simbólica e espiritual. Tais valores somente se alcançam se há um cuidado na construção coletiva do social, se há convivialidade entre as diferenças, cordialidade nas relações sociais, compaixão com todos aqueles que sofrem ou se sentem à margem, criando estratégias de compensação e de integração. Cuidado especial merecem os doentes, os idosos, os portadores de algum estigma social, os marginalizados e excluídos. Por eles se mede o quanto de sustentabilidade* e de cuidado essencial realizou e realiza uma sociedade. Além disso, importante é cultivar compreensão, paciência histórica, capacidade de diálogo e sentido de integração criativa com referência ao lado dia-bólico e demente da história humana. Tais valores se incluem no cuidado essencial.

## 4 Cuidado com o outro, *animus* e *anima*

Não há só a rede de relações sociais. Existem as pessoas concretas, homens e mulheres. Como humanos, as pessoas são seres falantes; pela fala constroem o mundo com suas relações. Por isso, o ser humano é, na essência, alguém de relações ilimitadas. O eu somente se constitui mediante a dialogação com o tu, como o viram psicólogos modernos e, anteriormente, filósofos personalistas. O tu possui uma anterioridade sobre o eu. O tu é o parteiro do eu.

Mas o tu não é qualquer coisa indefinida. É concretamente um rosto com olhar e fisionomia. O rosto do outro torna impossível a indiferença. O rosto do outro me obriga a tomar posição porque fala, pro-voca, e-voca e con-voca. Especialmente o rosto do empobrecido, marginalizado e excluído.

O rosto possui um olhar e uma irradiação da qual ninguém pode subtrair-se. O rosto e o olhar lançam sempre uma pro-posta em busca de uma res-posta. Nasce assim a res-ponsabilidade, a obrigatoriedade de dar res-postas. Aqui encontramos o lugar do nascimento da ética que reside nesta relação de res-ponsa-bilidade diante do rosto do outro, particularmente do mais outro que é o oprimido. É na acolhida ou na rejeição, na aliança ou na hostilidade para com o rosto do outro que se estabelecem as relações mais primárias do ser humano e se decidem as tendências de dominação ou de cooperação.

Cuidar do outro é zelar para que esta dialogação, esta ação de diálogo eu-tu, seja libertadora, sinergética e construtora de aliança perene de paz e de amorização.

O outro se dá sempre sob a forma de homem e de mulher. São diferentes, mas se encontram no mesmo chão comum da humanidade. Ambos realizam, em seu modo singular, a essência humana, abissal e misteriosa. A diferença entre eles não é algo fechado e definido, mas algo sempre aberto e plasmável, pois se encontram em permanente inter-ação e reciprocidade.

Na linguagem cunhada por C.G. Jung cada um possui dentro de si o *animus** (a dimensão do masculino) e a *anima** (a dimensão do feminino). O homem desperta na mulher sua dimensão masculina expressa culturalmente pelo modo-de-ser-trabalho; a mulher evoca no homem sua dimensão feminina, concretizada historicamente pelo modo-de-ser-cuidado.

Cuidar do outro *animus-anima** implica um esforço ingente de superar a dominação dos sexos, desmontar o patriarcalismo e o machismo, por um lado, e o matriarcalismo* e o feminismo excludente, por outro. Exige inventar relações que propiciem a manifestação das diferenças não mais entendidas como desigualdades, mas como riqueza da única e complexa substância humana. Essa convergência na diversidade cria espaço para uma experiência mais global e integrada de nossa própria humanidade, uma maneira mais cuidada de ser.

## 5 Cuidado com os pobres, oprimidos e excluídos

Um dos maiores desafios lançados à política orientada pela ética e ao modo-de-ser-cuidado é indubitavelmente o dos milhões e milhões de pobres, oprimidos e excluídos de nossas sociedades. Esse antifenômeno resulta de formas altamente injustas da organização social hoje mundialmente integrada. Com efeito, graças aos avanços tecnológicos, nas últimas décadas verificou-se um crescimento fantástico na produção de serviços e bens materiais, entretanto, desumanamente distribuídos, fazendo com que 2/3 da humanidade viva em grande pobreza. Nada agride mais o modo-de-ser-cuidado do que a crueldade para com os próprios semelhantes.

Como tratar esses condenados e ofendidos da Terra? A resposta a esta pergunta divide, de cima a baixo, as políticas públicas, as tradições humanísticas, as religiões e as igrejas cristãs. Cresce mais e mais a convicção de que as estratégias meramente assistencialistas e paternalistas não resolvem como nunca resolveram os problemas dos pobres e dos excluídos. Antes, perpetua-os, pois os mantêm na condição de dependentes e de esmoleres, humilhando-os pelo não reconhecimento de sua força de transformação da sociedade.

A libertação dos oprimidos deverá provir deles mesmos, na medida em que se conscientizam da injustiça de sua situação, organizam-se entre si e começam com práticas que visam transformar estruturalmente as relações sociais iníquas. A opção pelos pobres contra a sua pobreza e em favor de sua vida e liberdade constituiu e ainda constitui a marca registrada dos grupos sociais e das igrejas que se puseram à escuta do grito dos empobrecidos que podem ser tanto os trabalhadores explorados, os indígenas e negros discriminados, quanto as mulheres oprimidas e as minorias marginalizadas, como os portadores do vírus da Aids ou de qualquer outra deficiência. Não são poucos aqueles que não sendo oprimidos se fizeram aliados dos oprimidos, para junto com eles e na perspectiva deles empenhar-se por transformações sociais profundas.

O compromisso dos oprimidos e de seus aliados por um novo tipo de sociedade, na qual se supera a exploração do ser humano e a espoliação da Terra, revela a força política da dimensão-cuidado.

Qual é o móvel último subjacente aos movimentos dos sem-terra, dos sem-teto, dos privados de direitos sociais, dos meninos e meninas de rua, dos idosos, dos povos da floresta, entre outros, senão o cuidado com a vida humana? É o cuidado e o enternecimento pela inalienável dignidade da vida que move as pessoas e os movimentos a protestar, a resistir e a mobilizar-se para mudar a história. Os profetas antigos e modernos nos mostram a coexistência destas duas atitudes presentes no cuidado político: a dureza na denúncia dos opressores e o enternecimento no consolo das vítimas.

Não tem cuidado com os empobrecidos e excluídos quem não os ama concretamente e não se arrisca por sua causa. A consolidação de uma sociedade mundial globalizada e o surgimento de um novo paradigma civilizacional passa pelo cuidado com os pobres, marginalizados e excluídos. Se seus problemas não forem equacionados, permaneceremos ainda na pré-história. Poderemos ter inaugurado o novo milênio, mas não a nova civilização e a era de paz eterna com todos os humanos, os seres da criação e o nosso esplêndido planeta.

## 6 Cuidado com nosso corpo na saúde e na doença

Quando falamos em corpo não devemos pensar no sentido usual da palavra, que contrapõe corpo a alma, matéria a espírito. Corpo seria uma parte do ser humano e não sua totalidade. Nas ciências contemporâneas prefere-se falar de corporeidade\* para expressar o ser humano como um todo vivo e orgânico. Fala-se de homem-corpo, homem-alma para designar dimensões totais do humano.

Essa compreensão deixa para trás o dualismo corpo-alma e inaugura uma visão mais globalizante. Entre matéria e espírito está a vida que é a interação da matéria que se complexifica, se interioriza e se auto-organiza. Corpo é sempre animado. "Cuidar do corpo de alguém", dizia um mestre do espírito, "é prestar atenção ao sopro que o anima".

Resumindo, podemos dizer que o corpo é aquela porção do universo que nós animamos, informamos, conscientizamos e personalizamos. É formado pelo pó cósmico, circulando no espaço interestelar há bilhões de anos, antes da formação das galáxias, das estrelas e dos planetas, pó esse provavelmente mais velho que o sistema solar e a própria Terra. O ferro que corre pelas veias do corpo, o fósforo e o cálcio que fortalecem os ossos e os nervos, os 18% de carbono e os 65% de oxigênio mostram que somos verdadeiramente cósmicos.

Corpo é um ecossistema\* vivo que se articula com outros sistemas mais abrangentes. Pertencemos à espécie *homo*, que pertence ao sistema Terra, que pertence ao sistema galáctico e ao sistema cósmico. Nele funciona um sistema interno de regulação de frio e de calor, de sono e de vigília, dos fenômenos da digestão, da respiração, das batidas cardíacas, entre outros.

Mais ainda. O corpo vivo é subjetividade. Já se disse que "o corpo é nossa memória mais arcaica", pois em seu todo e em cada uma de suas partes guarda informações do longo processo evolutivo. Junto com a vida do corpo se realizam os vários níveis da consciência (a originária, a oral, a anal, a social, a autônoma e a transcendental), onde estas memórias se expressam e se enriquecem interagindo com o meio.

Através do corpo se mostra a fragilidade humana. A vida corporal é mortal. Ela vai perdendo seu capital energético, seus equilíbrios, adoece e finalmente morre. A morte não vem no fim da vida. Ela começa já no seu primeiro momento. Vamos morrendo, lentamente, até acabar de morrer. A aceitação da mortalidade da vida nos faz entender de forma diferente a saúde e a doença.

Quem é são pode ficar doente. A doença significa um dano à totalidade da existência. Não é o joelho que dói. Sou eu, em minha totalidade existencial, que sofro. Portanto, não é uma parte que está doente, mas é a vida que adoece em suas várias dimensões: em relação a si mesmo (experimenta os limites da vida mortal), em relação com a sociedade (se isola, deixa de trabalhar e tem que se tratar num centro de saúde), em relação com o sentido global da vida (crise na confiança fundamental da vida que se pergunta por que exatamente eu fiquei doente?).

A doença remete à saúde. Toda cura deve reintegrar as dimensões da vida sã, no nível pessoal, social e no fundamental que diz respeito ao sentido supremo da existência e do universo. Por isso o primeiro passo consiste em reforçar a dimensão-saúde para que ela cure a dimensão-doença.

Para reforçar a dimensão-saúde devemos enriquecer nossa compreensão de saúde. Não podemos entendê-la como a ideologia dominante com suas técnicas sofisticadas e seus inúmeros coquetéis de vitaminas. A saúde é concebida como "saúde total", como se fosse um fim em si mesma, sem responder à questão básica: Que faço na vida com minha saúde? Distanciamo-nos da conhecida definição de saúde da Organização Mundial da Saúde da ONU que reza: "Saúde é um estado de bem-estar total, corporal, espiritual e social e não apenas inexistência de doença e fraqueza".

Essa compreensão não é realista, pois parte de uma suposição falsa, de que é possível uma existência sem dor e sem morte. É também inumana porque não recolhe a concretitude da vida que é mortal. Não descobre dentro de si a morte e seus acompanhantes, os achaques, as fraquezas, as enfermidades, a agonia e a despedida final. Acresce ainda que a saúde não é um estado, mas um processo permanente de busca de equilíbrio dinâmico de todos os fatores que compõem a vida humana. Todos esses fatores estão a serviço da pessoa para que tenha força de ser pessoa, autônoma, livre, aberta e criativa face às várias injunções que vier a enfrentar.

A força de ser pessoa significa a capacidade de acolher a vida assim como ela é, em suas virtualidades e em seu entusiasmo intrínseco, mas também em sua finitude e em sua mortalidade. A força de ser pessoa traduz a capacidade de conviver, de crescer e de humanizar-se com estas dimensões de vida, de doença e de morte.

Saúde e cura designam o processo de adaptação e de integração das mais diversas situações, nas quais se dá a saúde, a doença, o sofrimento, a recuperação, o envelhecimento e o caminhar tranquilo para a grande passagem da morte. Saúde, portanto, não é um estado nem um ato existencial, mas uma atitude face às várias situações que podem ser doentias ou sãs. Ser pessoa não é simplesmente ter saúde, mas é saber enfrentar saudavelmente a doença e a saúde. Ser saudável significa realizar um sentido de vida que englobe a saúde, a doença e a morte. Alguém pode estar mortalmente doente e ser saudável porque com esta situação de morte cresce, humaniza-se e sabe dar sentido àquilo que padece.

Como disse um conhecido médico alemão: "Saúde não é a ausência de danos. Saúde é a força de viver com esses danos". Saúde é acolher e amar a vida assim como se apresenta, alegre e trabalhosa, saudável e doentia, limitada e aberta ao ilimitado que virá além da morte.

Que significa cuidar de nosso corpo, assim entendido? Imensa tarefa. Implica cuidar da vida que o anima, cuidar do conjunto das relações com a realidade circundante, relações essas que passam pela higiene, pela alimentação, pelo ar que respiramos, pela forma como nos vestimos, pela maneira como organizamos nossa casa e nos situamos dentro de um determinado espaço ecológico. Esse cuidado reforça nossa identidade como seres nós-de-relações para todos os lados. Cuidar do corpo significa a busca de assimilação criativa de tudo o que nos possa ocorrer na vida, compromissos e trabalhos, encontros significativos e crises existenciais, sucessos e fracasos, saúde e sofrimento. Somente assim nos transformamos mais e mais em pessoas amadurecidas, autônomas, sábias e plenamente livres.

## 7 Cuidado com a cura integral do ser humano

A cura integral do ser humano é tão importante que demanda um prolongamento de nossa reflexão anterior. Nas grandes tradições terapêuticas da humanidade sempre houve a percepção de que a cura é um processo global, envolvendo a totalidade do ser humano e não apenas a parte enferma. Reportemo-nos à nossa tradição ocidental ligada à figura de

Asclépio (dos gregos) ou de Esculápio (dos latinos). Dessa tradição vem o pai da medicina clássica e moderna, Hipócrates (460-377 a.C.).

Asclépio era, historicamente, um herói curador que possuía seu centro em Epidauro, no coração da Grécia. Por mais de mil anos acorriam ao seu templo os enfermos de todas as partes do mundo antigo. A eficácia de seus métodos era de tal ordem que, após a sua morte, Asclépio acabou sendo divinizado. Simultaneamente como homem e deus sinalizava que a cura seria completa se resultassse da intervenção humana e divina, se fosse corporal e espiritual.

No pórtico de seu templo os enfermos podiam ler o lema básico de sua medicina:

"Puro deve ser aquele que entra no templo perfumado. Pureza é ter pensamentos sadios".

Chamava-se a isso de *nooterapia*, terapia da mente (*noos* em grego significa mente) que implicava um processo de redefinição de atitudes e de valores. Os cristãos até hoje chamam a isso de conversão (*metanoia*). Os pecados (*harmatiai*), isto é, as atitudes desarmônicas consigo mesmo, com os outros, com o cosmos e com a Fonte originária de tudo, deslancham processos que afetam o equilíbrio físico-psíquico-espiritual do ser humano. Em outras palavras, produzem doenças.

A cura acontece quando se cria um novo equilíbrio humano. Então o pecado-doença dá lugar à graça-cura. Em Epidauro as curas eram processadas de forma holística, através de métodos diferenciados: pela dança, música, ginástica, poesia, pelos ritos e sono sagrado. Havia o *Abaton*, santuário onde os enfermos dormiam para terem sonhos de comunhão com a divindade que os tocava e curava. Havia o *Odeon*, local onde se podia ouvir música tranquilizadora e eram lidos poemas de enlevo. Havia o *Ginásio,* onde se faziam exercícios físicos integradores da mente/corpo. Havia o *Estádio* para esportes de competição controlada para melhorar o tônus corporal. Havia o *Teatro* para dramatização de situações complexas da vida para desdramatizá-las e facilitar a cura. Havia a *Biblioteca,* onde se podia consultar livros, admirar obras de arte e participar de discussões sobre os mais diversos assuntos. Tudo isto, já naqueles tempos, era visto como forma de terapia holística. A moderna medicina alternativa não faz outra coisa senão resgatar esta memória terapêutica de nossa própria tradição, abafada pelo paradigma cientifista dominante, que tenta a cura enfatizando o tratamento das partes doentes pela química dos remédios sem a consideração do todo humano.

Foi neste contexto integrador do cuidado total com o ser humano que o poeta Décio Júnio Juvenal (60-130 d.C.) escreveu o famoso verso criticando os excessos na culinária dos romanos:

"Deve-se buscar uma mente sã num corpo são". "Orandum est ut sit mens sana in corpore sano" (Sátiras X, 356).

Muitas academias de ginástica atuais incorporam esse lema – *mens sana in corpore sano* – quase sempre esquecendo a dimensão espiritual da mente (*mens sana*) e enfatizando apenas a exuberância muscular do corpo (*corpore sano*). A arte terapêutica é mais que médica; é integral, portanto, profundamente espiritual.

Concluindo, cuidar de nossa saúde significa manter nossa visão integral, buscando um equilíbrio sempre por construir entre o corpo, a mente e o espírito e convocar o médico (corpo), o terapeuta (mente) e o sacerdote (o espírito) para trabalharem juntos visando a totalidade do ser humano.

## 8 Cuidado com a nossa alma, os anjos e os demônios interiores

A alma, à semelhança do corpo, representa a totalidade do ser humano na medida em que ele é um ser vivo com interioridade e subjetividade (*anima* em latim significa ser vivo, donde deriva animal). Desde o primeiro momento após o *big-bang*, quando se formaram os primeiros campos energéticos e se forjaram as primeiras unidades relacionais, a alma começou a surgir e a complexificar-se, até que, no nível humano, após o surgimento do cérebro e da base neurônica, tornou-se reflexa e autoconsciente. Possivelmente tal emergência ocorreu a partir do *homo Ardipitecus Ramidos*, há 4,5 milhões de anos, passando pelo *homo habilis*, há cerca de 2 milhões de anos, pelo *homo erectus*, há 1,6 milhão de anos, pelo *homo sapiens arcaicus* há 250 mil anos até culminar no *homo sapiens sapiens* há 150 mil anos. Deste último, com consciência plenamente reflexa, somos descendentes diretos.

Conhecemos hoje os níveis desse tipo de consciência e sua capacidade de guardar informações do processo evolutivo. Isso significa que a consciência humana guarda marcas da grande explosão primordial, do fragor das explosões das grandes estrelas vermelhas que jogaram seus materiais pesados por todo o universo; conserva a memória das circunvoluções de nosso sistema galáctico, solar e planetário, das dores de parto na formação de nossa casa comum, a Terra; conserva o estremecer da primeira célula viva há 3,8 bilhões de anos; guarda em si os sinais da violência devastadora dos dinossauros, da capacidade unificadora do primeiro cérebro nos répteis, da ternura dos primeiros mamíferos, das alegrias da sociabilidade dos nossos ancestrais antropoides; lembra da luz do primeiro ato de intelecção, da criatividade da fala ordenadora do mundo, enfim dos grandes sonhos ridentes de simpatia e convivialidade, bem como dos medos face às ameaças do meio e face à luta pela sobrevivência. As experiências boas e traumatizantes na relação com os pais, com o homem e a mulher, com o nascimento, a dor e a morte, com o Sol, a Lua e as estrelas, com a grandeza do céu estrelado deixaram matrizes na alma humana cuja força de atuação se faz presente até os dias de hoje. É a nossa memória ancestral e atual.

De certo modo, tudo, tudo está guardado dentro da consciência humana sob a forma da memória (subatômica, atômica, mineral, vegetal, animal, humana), nos arquétipos*, sonhos, visões, símbolos, paixões e moções que habitam nossa interioridade. Somos portadores de anjos e de demônios, de forças sim-bólicas que nos animam para a unidade e para a cooperação, e de forças dia-bólicas que desagregam e destroem nossa centralidade.

Mas o ser humano é portador de liberdade e de responsabilidade. A liberdade lhe é dada como capacidade de modelar essa matéria ancestral e o mundo ao seu redor. A liberdade lhe é dada como possibilidade para decidir se cultiva os anjos bons ou os demônios interiores. A ele cabe criar uma medida justa de equilíbrio, tirando partido da energia dos anjos e dos demônios e colocando-a a serviço de um projeto que se afina com a sinergia e a cooperação do universo. É sua chance de felicidade ou de tragédia.

Eis um desafio ingente: o de cuidar de nossa alma inteira. Cuidar dos sentimentos, dos sonhos, dos desejos, das paixões contraditórias, do imaginário, das visões e utopias que guardamos escondidas dentro do coração. Como domesticar tais forças para que sejam construtivas e não destrutivas? Em que sentido de vida ordenamos todas estas dimensões? O cuidado é o caminho e oferece uma direção certa.

## 9 Cuidado com o nosso espírito, os grandes sonhos e Deus

O ser humano-corpo-alma tem uma singularidade: pode sentir-se parte do universo e com ele conectado; pode entender-se como filho e filha da Terra, um ser de interrogações derradeiras, de responsabilidade por seus atos e pelo futuro comum com a Terra. Ele não pode furtar-se a perguntas que lhe surgem ineludivelmente: Quem sou eu? Qual é meu lugar dentro desta miríade de seres? O que significa ser jogado nesse minúsculo planeta Terra? Donde provém o inteiro universo? Quem se esconde atrás do curso das estrelas? O que podemos esperar além da vida e da morte? Por que choramos a morte dos nossos parentes e amigos e a sentimos como um drama sem retorno?

Ora, levantar semelhantes interrogações é próprio de um ser portador de espírito. Espírito é aquele momento do ser humano corpo-alma em que ele escuta estas interrogações e procura dar-lhes uma resposta. Não importa qual seja: se através de estórias mitológicas, de desenhos nas paredes de cavernas como em Cromagnon na França e nas grutas de São Raimundo Nonato no Piauí, Brasil, ou se através de sofisticadas filosofias, ritos religiosos e conhecimentos das ciências empíricas. O ser humano como um ser falante e interrogante é um ser espiritual.

Outro dado suscita a dimensão de espírito: a capacidade do ser humano de continuamente criar sentidos e inventar símbolos. Não se contenta com fatos. Neles discerne valores e significações. Escuta as coisas que são sempre mais que coisas porque se transformam em indicações de mensagens a serem descodificadas. Daremos alguns exemplos.

Diante do Rio Amazonas ficamos totalmente fascinados, fazemos a experiência da majestade. Ao penetrar a floresta, contemplamos sua inigualável biodiversidade e ficamos aterrados diante da imensidão de árvores, de águas, de animais e de vozes de todos os timbres, fazemos a experiência da grandeza. Diante dessa grandeza sentimo-nos um bicho frágil e insignificante irrompendo em nós o temor e o respeito silencioso, fazemos a experiência da limitação e da ameaça.

Quando vivenciamos o fascínio do amor, fazemos a experiência de um absoluto valor, capaz de tudo transfigurar; fazemos da pessoa amada uma divindade, transformamos o brilho do Sol num ouro em cascata e transformamos a dureza do trabalho numa prazerosa ocupação.

Ao ver a mão suplicante da criança faminta, somos tomados de compaixão e mostramos generosidade. Todas essas experiências são expressões do espírito que somos nós.

Mas há uma experiência testemunhada desde os primórdios da hominização, a do Numinoso e do Divino no universo, na vida e na interioridade humana. Como não reconhecer por trás das leis da natureza um supremo Legislador? Como não admitir na harmonia dos céus a ação inteligente de uma infinita Sabedoria, e na existência do universo a exigência de um Criador?

O ser humano chama essa suprema Realidade com mil nomes ou simplesmente dá-lhe o nome de Deus. Sente que Ele arde em seu interior na forma de uma presença que o acompanha e o ajuda a discernir o bem e o mal. O elã vital o leva a crescer, a trabalhar, a enfrentar obstáculos, a alcançar seus propósitos e a viver com esperança. Esse elã está no ser humano, mas é maior que ele. Não está em seu poder manipulá-lo, criá-lo ou destruí-lo. Encontra-se à mercê dele. Não é isso um indício da presença de Deus em seu interior?

O ser humano pode cultivar o espaço do Divino, abrir-se ao diálogo com Deus, confiar a Ele o destino da vida e encontrar nele o sentido da morte. Surge então a espiritualidade que dá origem às religiões. Elas expressam o encontro com Deus nos códigos das diferentes culturas.

Os sábios de todos os povos sempre pregaram: sem o cultivo desse espaço espiritual, o ser humano se sentirá infeliz e doente e se descobrirá um errante sedento em busca de uma fonte que não encontra em lugar nenhum; mas se acolher o espírito e Aquele que o habita, se encherá de luz, de serenidade e de uma imarcescível felicidade.

Cuidar do espírito significa cuidar dos valores que dão rumo à nossa vida e das significações que geram esperança para além de nossa morte. Cuidar do espírito implica colocar os compromissos éticos acima dos interesses pessoais ou coletivos. Cuidar do espírito demanda alimentar a brasa interior da contemplação e da oração para que nunca se apague. Significa especialmente cuidar da espiritualidade experienciando Deus em tudo e permitindo seu permanente nascer e renascer no coração. Então poderemos preparar-nos, com serenidade e jovialidade, para a derradeira travessia e para o grande encontro.

## 10 Cuidado com a grande travessia, a morte

A entropia se manifesta em toda parte e também no tecido de nossa vida até consumir todo o nosso capital energético. Então morremos. É o termo do homem-corpo. E o que acontece com o homem-alma-espírito? Qual é seu destino? Ele tem outro percurso. Ao imergir neste mundo começa a nascer, vai nascendo cada dia mais, até acabar de nascer.

Uma analítica existencial atenta revela a presença de duas curvas na existência humana: a curva do homem-corpo e a curva do homem-alma-espírito.

A curva do homem-corpo obedece a esse percurso: nasce, cresce, madura, envelhece e morre. A morte não vem de fora, mas se processa dentro da vida como perda progressiva da força vital.

A outra curva do homem-alma-espírito segue um percurso inverso. Nasce, começa como um pequeno sinal e desabrocha, realiza virtualidades como falar, relacionar-se, amar... vai nascendo mais e mais até acabar de nascer.

Mas quando acaba de nascer? Quando as duas curvas existenciais se cruzam. Nesse cruzamento ocorre a morte real.

O que significa a morte? Para o homem-corpo representa o termo de uma caminhada por esse mundo espaçotemporal. Para o homem-alma-espírito, a possibilidade de uma plena realização de seus dinamismos latentes que não conseguiam irromper devido aos condicionamentos do tempo e do espaço. A morte do homem-corpo tem a função de fazer cair todas as barreiras. E assim o homem-alma-espírito se liberta de todas as amarras e seu impulso interior pode realizar-se segundo a lógica infinita. A inteligência que via no claro-escuro, agora vê em plena luz; a vontade que se sentia condicionada, agora irrompe para a comunhão imediata com o objeto do desejo; o cuidado essencial que se excercia em ambiguidades, agora encontra sua plena autenticidade; o corpo que nos permitia comunhão e afastamento dos outros, é sentido agora como expressão plena de nossa união com a totalidade do cosmos.

Na morte se dá, então, o verdadeiro nascimento do ser humano. Ele implode e explode para dentro de sua plena identidade. O cristianismo chama a esse momento de absoluta realização de ressurreição. Ressurreição é muito mais que reanimar um cadáver e voltar à vida anterior. Ressurreição é a plena concretização das virtualidades presentes no ser humano. Os apóstolos testemunharam que tal evento bem-aventurado se realizou em Jesus de Nazaré no momento de sua morte na cruz. Por isso é apresentado como o "Adão novíssimo" (1Cor 15,45), a nova criatura que tocou o final dos tempos. Ele é o símbolo real de que o ser humano pode nascer definitivamente.

Nesta perspectiva não vivemos para morrer. Morremos para ressuscitar, para viver mais e melhor. A morte significa a metamorfose para esse novo modo de ser em plenitude. Ao morrer, o ser humano deixa para trás de si um cadáver. É como um casulo que continha a crisálida. Cai o casulo e irrompe radiante borboleta, a vida em sua inteira identidade. É a ressurreição já na morte.

O sentido que damos à vida depende do sentido que damos à morte. Se a morte é fim-derradeiro, então de pouco valem tantas lutas, empenho e sacrifício. Mas se a morte é fim-meta-alcançada, então significa um peregrinar para a fonte. Ela pertence à vida e representa o modo sábio que a própria vida encontrou para chegar a uma plenitude negada neste universo demasiadamente pequeno para seu impulso e demasiadamente estreito para sua ânsia de infinito. Somente o Infinito pode saciar uma sede infinita.

Cuidar de nossa grande travessia é internalizar uma compreensão esperançosa da morte. É cultivar nosso desejo do Infinito, impedindo que ele se identifique com objetos finitos. É meditar, contemplar e amar o Infinito como o nosso verdadeiro Objeto do desejo. É acreditar que ao morrer cairemos em seus braços para o abraço sem fim e para a comunhão infinita e eterna. Enfim é realizar a experiência dos místicos: a vida amada no Amado transformada.

## Bibliografia para aprofundamento

ALVES, R. *A construção social da enfermidade.* São Paulo: Cortez & Moraes, 1987.

BARRÈRE, M. *Terra* – Patrimônio comum. São Paulo: Nobel, 1995.

BERRY, T. *O sonho da Terra.* Petrópolis: Vozes, 1991.

BIASE, F. Di. *O homem holístico.* Petrópolis: Vozes, 1995.

BOFF, L. *A vida para além da morte*. Petrópolis: Vozes, 1997.

_____. *A nossa ressurreição na morte*. Petrópolis: Vozes, 1996.

BOFF, L. & FREI BETTO. *Mística e espiritualidade*. Rio de Janeiro: Rocco, 1995.

_____. *Ecologia*: grito da Terra, grito dos pobres. São Paulo: Ática 1995.

_____. *Vida segundo o Espírito*. Petrópolis: Vozes,.

BLOFELD, J. *A deusa da compaixão e do amor* – O culto místico de Kuan Yin. São Paulo: Ibrasa, 1995.

BONAVENTURE, L. *Psicologia e mística*. Petrópolis: Vozes, 1978.

CAMPBELL, J. *O herói de mil faces*. São Paulo: Cultrix 1992.

CAPRA, F. *O ponto de mutação*. São Paulo: Cultrix 1991.

CASALDÁLIGA, P.- VIGIL, J.M. *Espiritualidade e libertação*. Petrópolis: Vozes, 1993.

CREMA, R. *Saúde e plenitude, um caminho para o ser*. São Paulo: Summus, 1995.

_____. *Introdução à visão holística* – Breve relato de viagem do velho ao novo paradigma. São Paulo: Summus Editorial, 1988.

EHRLICH, P.R. *O mecanismo da natureza* – O mundo vivo à nossa volta e como funciona. São Paulo: Campus 1993.

EINSTEIN, A. *Como vejo o mundo*. Rio de Janeiro: Nova Fronteira 1981.

FREI BETTO. *A obra do artista* – Uma visão holística do universo. São Paulo: Ática 1995.

GUTIÉRREZ, G. *Beber no próprio poço*. Petrópolis: Vozes, 1985.

HEISENBERG, W. *A parte e o todo*. Rio de Janeiro: Contraponto 1996.

JOSAPHAT, C. *Contemplação e libertação*. São Paulo: Ática, 1995.

LELOUP, J.-Y. *O corpo e seus símbolos* – Uma antropologia essencial. Petrópolis: Vozes, 1998.

_____. *Cuidar do Ser*. Petrópolis: Vozes 1996.

_____. *Caminhos de realização* – Dos medos do Eu ao mergulho no Ser. Petrópolis: Vozes, 1996.

LELOUP, J.-Y. & BOFF, L. et al. *Espírito na saúde*. Petrópolis: Vozes, 1997.

LONGAIR, M. *As origens de nosso universo*. Rio de Janeiro: Zahar 1994.

LOVELOCK, J. *As eras de Gaia* – A biografia da nossa Terra viva. São Paulo: Campus 1991.

_____. *Gaia* – Um novo olhar sobre a vida na Terra. Lisboa: Edições 70, 1989.

MORIN, E. *Ciência com consciência*. Rio de Janeiro: Francisco Alves 1996.

MÜLLER, L. *O herói* – Todos nascemos para ser heróis. São Paulo: Cultrix 1994.

MÜLLER, R. *O nascimento de uma civilização global*. São Paulo: Aquariana 1993.

MOURÃO, R.R.F. *Ecologia cósmica* – Uma visão cósmica da ecologia. Rio de Janeiro: Francisco Alves, 1992.

PRIGOGINE, I. *A nova aliança* – Metamorfose da ciência. Brasília: Universidade de Brasília 1990.

ROGERS, C.R. *A pessoa como centro*. São Paulo: Edusp 1977.

VÁRIOS, Grupo TAO (Teologia e Assessoria Orgânica). *A mística do animador popular.* São Paulo: Ática 1996.

WEIL, P. *A morte da morte*. São Paulo: Gente, 1995.

_____. *Antologia do êxtase*. São Paulo: Palas Athena, 1992.

_____. *Sementes para uma nova era*. Petrópolis: Vozes 1986.

ZOHAR, Danah. *O ser quântico* – Uma visão revolucionária da natureza humana e da consciência baseada na nova física. São Paulo: Best Seller 1991.

# X

## *Patologias do cuidado*

*T*udo o que é reto pode entortar. Pelo fato de ser simultaneamente *sapiens* (inteligente) e *demens* (demente), o ser humano vive uma ambiguidade estrutural. Seu bem nunca é inteiramente bom. Seu mal jamais totalmente mau. Mesclam-se bem e mal, dia-bólico e sim-bólico, insensatez e sabedoria, cuidado essencial e descuido fatal. Essa situação é, em sua totalidade, insuperável. Devemos carregá-la com realismo. Nem chorar sobre ela, nem rir dela. Apenas apreender as lições que revela.

Certamente a primeira lição é esta: devemos exercer a compaixão para conosco mesmos. Por mais que nos corrijamos, haverá sempre remanescências distorcidas que importa aceitarmos com certo humor e jovialidade.

Há os que são obsessivos pela virtude perfeita. Torturam-se, aterrorizam os demais e estragam continuamente seu humor, porque se confrontam, a cada momento, com seus próprios limites e fracassos.

Sábio foi o filósofo Immanuel Kant que, em 1784, no seu livro *Ideia de uma história universal do ponto de vista cos-*

*mopolítico* nos deixou a seguinte sentença: "O ser humano é uma madeira tão nodosa que dela não se pode talhar vigas retas". Esta é a *condition humaine*! Cabe, portanto, acolher os próprios limites com humildade, sem lamúria. No seu todo, são intransponíveis. Somos seres da incompletude. Não somos Deus.

Partindo desta constatação há também outros que se resignam e deixam de buscar uma melhoria da situação humana. Entregam-se à gravidade que puxa para baixo e à comodidade de quem desce uma ladeira. Esses são geralmente soturnos, pois perderam o entusiasmo e a leveza da vida. Da resignação ao cinismo existe apenas um passo.

Daí podemos tirar uma segunda lição: o fato de carregarmos sempre uma sombra de descuido, não invalida a permanente busca do cuidado essencial. O descuido, inerente à nossa humana condição, mais do que um obstáculo é um desafio para a vivência do cuidado essencial e de suas formas alternativas e mais aperfeiçoadas. O cuidado não é uma meta a se atingir somente no final da caminhada. É um princípio que acompanha o ser humano em cada passo, em cada momento, ao largo de toda a vida terrenal, como bem o sentenciou Saturno na fábula-mito de Higino. Portanto, sempre é possível crescer na prática do cuidado em cada circunstância, no tempo e no contratempo. Tal atitude gera discreta alegria e confere leveza à gravidade da vida.

## 1 A negação do cuidado essencial

Assim como a pior doença é negar a sua existência, de forma semelhante, a pior aberração do cuidado é sua negação. Como consequência, o ser humano se entrega totalmente à lógica do modo-de-ser do trabalho depredador, à vontade de poder sem freios, à autoafirmação com exclusão dos outros e ao mau-trato das pessoas, da casa, da coisa pública e de si mesmo. Aqui deparamos com o encaramujamento do ser humano sobre seu próprio horizonte que, ao negar a essência de seu ser-cuidado, torna-se cruel consigo mesmo. O resultado é um processo de desumanização e de embrutecimento das relações. Equivale à categoria teológica do inferno, onde se recusa a relação e se afoga a capacidade de enternecimento e de amor, o que, biblicamente, chama-se também de tribulação da desolação. A partir daí, tudo, efetivamente, é possível, até o impossível.

## 2 O cuidado em seu excesso: a obsessão

Há os que têm cuidado em demasia. É a sua exacerbação. A pessoa se torna obsessiva por se preocupar demasiadamente em cuidar de tudo e de todos. "O excesso de verdade", já dizia Pascal, "é pior do que o erro". Assim também não se pode ser apenas cuidado. Ele é a essência do humano, mas o humano não é só sua essência. Existe sua história zigue-zagueante, as ressonâncias do cuidado, as limitações que cabe acolher e relevar.

É na linguagem que o obsessivo continua-mente se mostra. A todo momento diz: "cuidado... cuidado... cuidado...!" Tanto cuidado acaba por tirar a espontaneidade das pessoas que se sentem continuamente embaraçadas e roubadas em sua energia de fazer sua experiência do cuidado essencial, entre acertos e erros.

O excesso de cuidado para consigo mesmo origina o narcisismo, a vaidade e a afetação. Há pessoas que passam horas diante do espelho. Cuidam de sua acne com tanto empenho como se estivessem cuidando do curso das estrelas. Outras são tão cuidadosas em tudo o que fazem que sempre estão atrasadas; perdem os horários e irritam os demais que se sentem defraudados em seu tempo.

O excesso de cuidado causa o perfeccionismo imobilizador. Há os que colocam em tudo tanto cuidado que nunca chegam a concluir o que iniciaram. Perdem oportunidades únicas, negócios vantajosos e chances de crescimento. Não sem razão se sentem sempre insatisfeitos, acrescentando coisas sobre coisas e agregando detalhes sobre detalhes. No limite, ficam imobilizados.

## 3 O cuidado em sua carência: o descuido

Há os que têm cuidado de menos. São os descuidados e displicentes. Normalmente não conseguem ser inteiros no que fazem. Seja porque perderam seu centro assumindo coisas demais, seja porque não colocaram todo o empenho no que fazem. As coisas aparecem malfeitas, largadas, desordenadas, confusas, caóticas; numa palavra, descuidadas. A pessoa fica impaciente e perde a calma e a serenidade.

Refletíamos que o cuidado surge quando se encontra a justa medida. Este é o caminho do meio entre o modo-de-ser do trabalho como exploração e o modo-de-ser do cuidado como plasmação. Por isso o cuidado não convive nem com o excesso nem com a carência. Ele é o ponto ideal de equilíbrio entre um e outro.

Tarefa humana é construir esse equilíbrio com autocontrole e moderação, mas sobretudo com a ajuda do Espírito de vida que nunca falta porque Ele é, segundo um hino medieval cantado até hoje na liturgia de Pentecostes, "a quietude no trabalho, a frescura no calor e o consolo nas lágrimas": o equilíbrio dinâmico.

### Bibliografia para aprofundamento

ARENDT, H. *As origens do totalitarismo* – Totalitarismo, o paradoxo do poder. Rio de Janeiro: Documentário, 1973.

BOFF, L. *O despertar da águia* – O dia-bólico e o sim-bólico na construção da realidade. Petrópolis: Vozes, 1998.

_____. "Elementos de uma teologia da crise", em *A vida segundo o Espírito*. Petrópolis: Vozes, 1982, 11-35.

BOUDON, R. *Efeitos perversos e ordem social*. Rio de Janeiro: Zahar, 1979.

BROWN, N.O. *Vida contra a morte*. Petrópolis: Vozes, 1974.

FRANÇA, M.I. (org.). *Desejo, barbárie e cidadania*. Petrópolis: Vozes, 1995.

GUTIÉRREZ, G. *Falar de Deus a partir do sofrimento do inocente*. Petrópolis: Vozes, 1987.

HORKHEIMER, M. *Eclipse da razão*. Rio de Janeiro: Editorial Labor, 1976.

KRISHNAMURTI, J. *A educação e o significado da vida*. São Paulo: Cultrix, 1989.

LEONARD, G. *Educação e êxtase*. Rio de Janeiro: Summus Editorial, 1988.

MARCUSE, H. *Eros e civilização*. Rio de Janeiro: Zahar, 1981.

RESTREPO, L.C. *O direito à ternura*. Petrópolis: Vozes, 1998.

VELHO, G. *Desvio e divergência*. Rio de Janeiro: Zahar, 1983.

# XI

## *Figuras exemplares de cuidado*

*O* modo-de-ser cuidado só convence verdadeiramente quando se transforma em saga na biografia de pessoas e modela situações existenciais.

### 1 O cuidado de nossas mães e avós

Figuras existem que concentram e irradiam cuidado de maneira privilegiada: nossas mães e as mães de nossas mães, as nossas avós. Não precisamos detalhar essa experiência. Ela é fontal em cada pessoa, pois o primeiro continente que a criança conhece é sua própria mãe. Ser mãe é mais do que uma função; é um modo-de-ser que engloba todas as dimensões da mulher-mãe, seu corpo, sua psique e seu espírito. Com seu cuidado e carinho a mãe continua a gerar os filhos e as filhas durante toda a vida. Mesmo que tenham morrido, sempre permanecerão em seu coração materno. Nos momentos de perigo são invocadas como referência de confiança e de salvação. É através das mães que cada um aprende a ser mãe de si mesmo, na medida em que aprende a aceitar-se, a perdoar as próprias fraquezas e a alimentar o sonho de um grande Útero acolhedor de todos. Representam também o modo de ser mãe, as educadoras e os educadores que se devotam ao crescimento humano, mental e espiritual dos educandos, as enfermeiras que cuidam dos seus doentes e tantas outras pessoas que anonimamente se desvelam no cuidado de alguém.

## 2 Jesus, um ser de cuidado

Jesus de Nazaré, ao lado de Buda, é uma das figuras religiosas que mais encarna o modo-de-ser-cuidado. Revelou à humanidade o Deus-cuidado experimentando Deus como Pai e Mãe divinos que cuida de cada cabelo de nossa cabeça, da comida dos pássaros, do sol e da chuva para todos (cf. Mt 5,45; Lc 21,18). Jesus mostrou cuidado especial com os pobres, os famintos, os discriminados e os doentes. Enchia-se de compaixão e curava a muitos. Fato inusitado para a época, associou a si várias mulheres como discípulas (Lc 8,2-3). Cultivou um amor terno para com as amigas Marta e Maria (Jo 11,20-28; Lc 10,38-42). Não furtou-se aos sinais do amor erótico manifestados por uma pecadora pública que lhe beijava e ungia os pés com perfume (Lc 7,37-39).

Fez da misericórdia a chave de sua ética. É pela misericórdia que os seres humanos chegam ao Reino da vida; sem a misericórdia não há salvação para ninguém (Mt 25,36-41). As parábolas do bom samaritano que mostra compaixão pelo caído na estrada (Lc 10,30-37) e a do filho pródigo acolhido e perdoado pelo pai (Lc 15,11-32) são expressões exemplares de cuidado e de plena humanidade.

Morrendo na cruz cuida dos ladrões crucificados ao seu lado e cuida de sua mãe, entregando-a aos cuidados do discípulo predileto João (Jo 19,26-27). Jesus foi um ser de cuidado. O Evangelista Marcos diz com extrema finura: "Ele fez bem todas as coisas; fez surdos ouvir e mudos falar" (Mc 7,37). Teve cuidado com a vida integral.

## 3  Francisco de Assis: a fraternura do irmão universal

Na tradição ocidental Francisco de Assis (1182-1226) é visto como uma figura exemplar de grande irradiação. Tudo em sua vida vem urdido de extremo cuidado com a natureza, os animais, as aves e plantas, os pobres e especialmente com sua amiga e cúmplice, Clara de Assis.

Com fina percepção sentia o laço de fraternidade e de sororidade que nos une a todos os seres. Ternamente chama a todos de irmãos e de irmãs: o Sol, a Lua, as formigas e o lobo de Gubbio. As coisas têm coração. Ele sentia seu pulsar e nutria veneração e respeito por cada ser, por menor que fosse. Nas hortas, também as ervas daninhas tinham o seu lugar, pois do seu jeito, elas louvam o Criador.

Os biógrafos do tempo, como os coirmãos Tomás de Celano e São Boaventura, testemunham o impacto de tanta suavidade. Afirmam que Francisco "resgatou a inocência original", que "é o homem novo, dado ao mundo pelo céu" e que, finalmente, representa "o evangelista dos novos tempos". Efetivamente, face às demandas da nossa cultura ecológica mundial, reconhecemos sua grande atualidade. Somos velhos, ainda aferrados ao modo-de-ser do trabalho-dominação-agressão da natureza. São Francisco, no entanto, é verdadeiramente alternativo por seu radical modo de ser-cuidado com respeito, veneração e fraternura para com todas as coisas.

Num pergaminho do convento do Monte Alverne, lá onde recebeu em seu corpo os sagrados estigmas, conservou-se seu último adeus às criaturas. Estava extremamente doente e prestes a morrer. Despede-se de Frei Masseo, do irmão rochedo e do irmão falcão. Por fim diz: "Io mi parto da voi con la persona, ma vi lascio il mio cuore", quer dizer, "eu me aparto de vós como pessoa, mas vos deixo meu coração". Com efeito, o coração de Francisco significa um estilo de vida, a expressão genial do cuidado, uma prática de confraternização e um renovado encantamento pelo mundo.

Recriar esse coração nas pessoas e resgatar a cor-dialidade nas relações poderá suscitar no mundo atual o mesmo fascínio pela sinfonia do universo e o mesmo cuidado com a irmã e mãe Terra como foi paradigmaticamente vivido por São Francisco.

## 4 Madre Teresa de Calcutá: o princípio misericórdia

Com certeza um dos arquétipos vivos do cuidado essencial é a religiosa católica Madre Teresa de Calcutá (1910-1997). Nascida na Albânia, trabalhou a partir de 1928 na Índia como missionária e professora num semi-internato. Tudo corria no ritmo normal de uma escola quando em 1946, viajando de trem, disse ter escutado uma voz clara que lhe ordenava deixar o convento para ajudar os pobres, vivendo no meio deles. Entendeu-a como chamamento divino. Efetivamente, aos 38 anos de idade, saiu do mosteiro, trocou seu pesado hábito negro por um prático e barato sari de algodão. Foi morar na periferia miserável de Calcutá, num casebre, vivendo à base de arroz e sal como os pobres, servindo os pobres. Na medida em que foram chegando seguidoras fundou a Ordem das Missionárias da Caridade. Além dos três votos de pobreza, obediência e castidade, ela se impôs um quarto: "dedicar-se de todo coração e livremente a serviço dos mais pobres dos pobres".

Em Calcutá há milhares e milhares de miseráveis que nascem, vivem e morrem na rua. Madre Teresa cuidou logo de fundar a Casa dos Moribundos. Recolhia-os das ruas e os levava para que pudessem morrer com dignidade. Começava assim uma obra de compaixão e misericórdia que se estendeu por muitas cidades da Índia, do Paquistão e de outros países, sempre com o fito de conferir dignidade e humanidade aos que iam morrendo.

A Ordem das Missionárias da Caridade cultiva um carisma, ligado diretamente à ternura vital, o carisma de tocar as pessoas em sua pele, em seus corpos e em suas chagas. "Toca-os, lava-os, alimenta-os", insistia Madre Teresa às suas irmãs e aos muitos voluntários que de todo o mundo acorriam para ajudar em suas obras. Outras vezes dizia: "Dá Cristo ao mundo, não o mantenhas para ti mesma e, ao fazê-lo, usa as tuas mãos". Sua biógrafa Anne Sebba comenta: "A capacidade de tocar, com suas implicações mais amplas, é especialmente importante na Índia, onde o conceito de 'intocabilidade' é tão real; este é o verdadeiro espírito missionário em ação; é mais importante tocar que curar". A mão que toca, cura porque leva carícia, devolve confiança, oferece acolhida e manifesta cuidado. A mão faz nascer a essência humana naqueles que são tocados.

Em 1979 ganhou o Prêmio Nobel da Paz. Deu-lhe o verdadeiro sentido: "Aceito o prêmio em nome dos pobres... O prêmio é um reconhecimento do mundo dos pobres".

Muitos têm colocado em questão a eficácia da obra de Madre Teresa. Ao invés de combater as causas que levam alguém a morrer na rua – dizem – ela apenas se ocupa das vítimas, perpetuando sua situação miserável. Perguntam: Deve-se cuidar ou libertar? Respondemos: devemos fazer uma coisa e outra porque ambas têm sentido. Madre Teresa descobriu seu caminho para o cuidado essencial e respondia com leve sorriso à questão suscitada: "enquanto vocês discutem as causas e as explicações, eu me ajoelho ao lado dos mais pobres dos pobres e cuido de suas necessidades".

Uma estratégia não invalida a outra. Há uma humanidade mínima a ser sempre salvaguardada: salvar vidas face à iminência da morte. Isso não é assistencialismo, é humanismo básico sem o qual nos tornamos cínicos e sem piedade. Por isso cabe sempre dar pão a quem tem fome, pois a fome não pode esperar. Bem dizia Madre Teresa: "As pessoas que chegam até mim são doentes e moribundos; são tão fracas que não podem nem mesmo segurar um anzol; deve-se primeiro dar-lhes o peixe e talvez o anzol venha depois". Mesmo assim vale sempre atacar as causas estruturais, ajudar a transformar a sociedade para que ninguém precise morrer abandonado na rua. Ambas as estratégias nascem da com-paixão e do cuidado essencial: uma com a mão, alcançando as pessoas; a outra com o braço alongado, alcançando as estruturas.

Outros criticavam sua ingenuidade em aceitar ajuda de pessoas manifestamente opressoras como Duvalier do Haiti ou o multimilionário norte-americano Charles Keating, fraudador em milhões de dólares de poupança e de empréstimos. Quanto a isso, podemos ponderar: o mundo de Madre Teresa era o da bondade sem mancha, longe de qualquer malícia ou oportunismo. O que ela via, não era a mão de quem dava, mas seus doentes e moribundos que precisavam de ajuda. Tudo o que auxiliasse a resgatar sua dignidade de pessoas, fazia para ela sentido e ganhava sua justificação, sem com isso querer legitimar ambiguidades de seus doadores.

Muitas vezes foi usada pelo aparelho eclesiástico para propalar nos foros mundiais as teses oficialistas acerca da limitação da natalidade, da condenação do aborto ou da negação do sacerdócio às mulheres. Tais ortodoxias estavam longe de sua prática cotidiana, mas ela, obedientemente, prestava-se a fazer a sua defesa.

Não obstante todas as limitações, Madre Teresa irradiou com-paixão exemplar e cuidado caloroso para com os mais miseráveis dos pobres. Sua figura é uma convocação da atitude do bom samaritano que se verga sobre os caídos da estrada. Mais que os remédios, é essa atitude de cuidado essencial que cura e resgata a humanidade ferida.

## 5 Irmão Antônio: caçador de sorrisos em rostos tristes

Tão importante quanto dignificar a morte das populações de rua é dignificar a vida daqueles que vivem na rua, bêbados, doentes e abandonados. É o que tenta fazer o Irmão Antônio Mendes Ferreira na cidade de Petrópolis, nas cercanias do Rio de Janeiro, à semelhança de tantos outros que trabalham com meninos e meninas de rua, velhos solitários e doentes terminais.

A figura do Irmão Antônio, a despeito de limitações pessoais, irradia uma aura impressionante de bondade e de reverência. Nascido em Portugal, foi durante muitos anos marinheiro. As estradas dos oceanos e o silêncio do mar, diz ele, exacerbaram-lhe a busca insaciável de felicidade. Não a encontrava em porto algum em que seu navio atracasse. Depois de muito refletir e pedir luzes a Deus entendeu: "a felicidade é fruto de minha doação ao outro; minha doação só é verdadeira se conseguir fazer um rosto triste sorrir".

Num porto qualquer encontrou alguém tão miserável que lhe causava repugnância. Mesmo assim se entreteve com ele. Aprofundaram a conversa. Eis que, de repente, o mendigo, por causa da conversa com o Irmão Antônio, deu um sorriso luminoso. Foi o suficiente. Provocou em Antônio uma felicidade inexplicável. Descobriu a chave para uma vida feliz: cuidar dos condenados e ofendidos das ruas e, em suas próprias palavras, "tornar-se um caçador de sorrisos em rostos tristes".

Para melhor realizar essa opção fez-se religioso da Ordem de São João de Deus, um santo português do final do século XV, que em Granada na Espanha servia os mais pobres das ruas, especialmente muçulmanos discriminados pelos cristãos.

Tempos depois, Irmão Antônio veio para o Brasil para servir os pobres daqui. Associou-se à recém-criada Pastoral do Homem de Rua, em Petrópolis. Recolhia miseráveis das ruas, arranjava-lhes uma sopa quente e um local para dormir. Não demorou muito e já entrava em conflito com as instituições religiosas. Certa feita, um dos bêbados ambulantes lhe pediu para tomar banho. Foi com ele à sua comunidade, mas o superior lho proibiu. Foi a um outro convento, a outro e mais outro, e todos se fecharam. Como continuasse a insistir para que os miseráveis pudessem tomar, pelo menos de vez em quando, um banho, e como cobrasse insistentemente coisa tão pequena às instituições religiosas comprometidas com o voto de pobreza e nunca fora atendido, acabou sendo aconselhado a abandonar a Ordem dos Irmãos de São João de Deus.

Trocou de trincheira, mas não abandonou a luta. Sozinho, trabalhava o dia inteiro nas ruas, acolhendo mendigos, reunindo embriagados e levando-os ao galpão da Rua 24 de Maio, onde eles pudessem tomar seu banho, barbear-se, trocar de roupa, receber uma sopa quente e pernoitar. Seu objetivo era e é: "procurar a dignificação de quem está caído na rua".

Mais tarde o local transformou-se no Acolhimento São João de Deus, muito precário, mas aberto a todos. Ninguém precisa inscrever-se ou apresentar alguma ficha. Basta chegar, poder tomar seu banho e dormir. É o lar dos condenados das ruas.

Com a articulação dos próprios pobres de rua que lentamente foram deixando o álcool, organizou todo um movimento para que mendigos pudessem encontrar o caminho do trabalho normal. Para aqueles que o conseguem, criou a Hospedaria Bento Meni. Aí podem morar e ter uma infra-estrutura mínima. Para aqueles que querem reestruturar-se e trabalhar na terra, conseguiu um sítio no Brejal, na periferia do município de Petrópolis. Aí vivem crianças, adultos e idosos plantando hortaliças e cuidando de animais.

Seu trabalho é apoiado estritamente pela boa vontade da população e por ninguém mais. Com esses apoios construiu respeitável galpão na periferia de Petrópolis, onde organizou o Grupo de Reciclagem Emaús. Tudo o que lhe é trazido – papel, plásticos, garrafas, sobras das casas – é aproveitado e reciclado para sua reutilização pelas indústrias locais. Ali trabalham, indo e vindo, muitos mendigos e homens e mulheres de rua, ganhando o suficiente para o sustento. O sonho é realizar a Aldeia Hospitaleira, uma pequena vila de 50 casinhas para congregar os que querem começar vida nova. A família imperial de Petrópolis doou um belo terreno e já se construíram três casas.

A dignificação, diz Irmão Antônio, só se alcança se dermos valor às populações de rua. Dar valor é acolhê-las com bondade, escutar suas lamúrias, tocá-las e abraçá-las para que recuperem a autoestima. A pele tocando outra pele faz renascer a humanidade perdida. Quando os reúne, deixa claro: "estamos aqui não tanto para produzir, mas para estarmos juntos, para refazermos os laços perdidos de nossa humanidade, para colocarmos em comum nossas coisas, nossas ideias e nossos sonhos". E ao escutar esses humilhados e ofendidos nos enchemos de comoção, pois rezam seus desejos e celebram seus sonhos e, ao mesmo tempo, lamentam seus fracassos e choram as exclusões que padecem por uma sociedade sem misericórdia.

O trabalho não visa apenas a produção da subsistência, mas antes de tudo a criação da disciplina e o resgate do valor da autonomia pessoal. Sempre procura unir os idosos com as crianças abandonadas. Parte desta constatação: as crianças precisam de amor e os idosos têm muito amor a dar e carinho a receber. Essa complementaridade produz um efeito humanizador incalculável para as crianças que se sentem amparadas e para os idosos que se sentem úteis e amados.

O cuidado que devota aos pobres e à sua dignificação é alimentado por uma mística de solidariedade. Seu lema foi tirado de São Paulo: "Fiz-me um com todos, para ganhar alguns". Mas não religiosifica o espaço dos pobres; pretende humanizá-lo; a bagagem religiosa trazida por cada um é sempre um capital humanizador e integrador eficaz, que ele sabe articular com respeito e habilidade na forma de oração, de ação de graças e de animadas celebrações. Novamente, é o cuidado essencial que anima uma obra libertadora com os mais pobres dos pobres, não apenas para que possam morrer humanamente, mas para que possam viver com um mínimo de dignidade.

## 6 Mahatma Gandhi: a política como cuidado com o povo

Uma figura que impressionou todo o século XX é seguramente Gandhi (1869-1948). Nascido na Índia, formou-se em Direito em Londres e trabalhou por mais de 20 anos na África do Sul (1893-1915) defendendo os imigrantes indianos, vítimas da segregação racial. Na África entrou em contato com os ideais anunciados pelo grande escritor russo, Leon Tolstoi (1883-1945), autor dos famosos romances *Guerra e paz* e *Anna Karenina*. Esse via a essência da mensagem de Jesus no Sermão da Montanha, no amor, na recusa a toda violência, na veneração aos pobres e no compromisso com uma vida simples. Tais ideias impressionaram profundamente Gandhi e o ajudaram a formular sua própria visão da não violência e da atuação política como cuidado com o povo. Chegou a fundar uma comunidade rural "Tolstoi", onde tentou viver esses ideais com outros amigos.

De volta à Índia entregou-se à tarefa de organizar o povo contra a dominação inglesa. Começou pregando o boicote aos produtos ingleses, especialmente aos tecidos. Incentivou o resgate da tradição familiar de tecer as roupas em casa. Convocou para a desobediência civil. Foi preso inúmeras vezes. Famosa ficou a Marcha para o Mar em 1930. Por um decreto dos colonizadores, os indianos não poderiam comprar sal, a não ser aquele monopolizado pelos ingleses. Gandhi mobilizou milhares e milhares de pessoas que caminharam em direção ao mar para dele extrair o sal de que precisavam. Foi preso, mas conseguiu a liberação completa do sal.

Gandhi definia a política como "um gesto amoroso para com o povo". Em outras palavras, política como cuidado com o bem-estar de todos e ternura essencial para com os pobres. Ele mesmo confessa: "Entrei na política por amor à vida dos fracos; morei com os pobres, recebi os párias como hóspedes, lutei para que tivessem direitos políticos iguais aos nossos, desafiei os reis, esqueci-me das vezes que estive preso".

Dois princípios básicos norteavam a sua prática: a força da verdade (*satiagra*) e a não violência ativa (*ahimsa*). Acreditava, profundamente, que a verdade possui em si uma força invencível contra a qual são inócuas as manipulações, as violências, as armas e as prisões. Tinha profunda convicção de que, por detrás dos conflitos, vige uma verdade latente a ser identificada. Função do político é crer nesta verdade, trazê-la à tona para todos e agir em coerência com ela, mostrando-se disposto a suportar os sacrifícios que tal postura comporta. Acreditava firmemente que a verdade, embora tardia, sempre venceria.

A crença na força da verdade levou-o à não violência ativa (*ahimsa*), que não significa cruzar os braços, mas usar todos os meios pacíficos para alcançar os objetivos almejados. Importa que os meios e os fins tenham a mesma natureza. Fins bons demandam meios bons. Pratica-se a não violência ativa, por exemplo, ocupando ruas, organizando manifestações multitudinárias, fazendo jejuns e preces, e oferecendo o próprio corpo para deter a violência. Gandhi criticou a atitude da Dinamarca que, diante da invasão nazista, simplesmente capitulou. O dever dos soldados, segundo ele, era o de oferecer resistência com seus corpos desarmados. O sentido da não violência ativa não é garantir a vitória de um dos lados, mas fazer valer a verdade que ajuda a construir um poder social baseado na participação equitativa, na colaboração e na solidariedade entre todos.

Gandhi elaborou um pequeno credo em forma de oração, recitado todos os dias: "Não terei medo de ninguém sobre a terra. Temerei apenas a Deus. Não terei má vontade para com ninguém. Não aceitarei injustiças de ninguém. Vencerei a mentira pela verdade. E, na minha resistência à mentira, aceitarei qualquer tipo de sofrimento".

Gandhi era profundamente religioso. Conhecia o cristianismo a fundo e tinha grande veneração por Jesus. Mas continuou em sua religião indiana, pois acreditava que todas as religiões, em seu coração, captam e expressam a mesma verdade divina. Tinha profunda convicção de que a prece e o jejum podiam modificar situações políticas. Por isso sempre que havia algum impasse político maior, punha-se em prece e jejum por semanas. Convocava as multidões a praticar o mesmo. Fazia tremer o império britânico e demovia as forças contrárias.

Possuía um profundo cuidado para com todos os seres. Como um mandamento pregava: "Amarás a mais insignificante das criaturas como a ti mesmo. Quem não fizer isto jamais verá a Deus face a face". Procurava viver em harmonia com todos os seres vivos. Por isso renunciava às carnes, ao leite de vaca, extraído com violência. Tomava somente o leite de cabra que ele mesmo ordenhava. Por sua frugalidade e jejum queria prestar reverência à vida, como se quisesse dizer a todas as coisas: "Podem ficar tranquilas; não as farei sofrer desnecessariamente; só tomarei para mim o mínimo necessário para que o meu corpo viva bem".

Graças aos esforços de Gandhi, a Índia conquistou a independência da dominação inglesa a 15 de agosto de 1947. Por causa dos conflitos religiosos entre hindus e muçulmanos, o país foi dividido em dois, a Índia (de religião hinduísta) e o Paquistão (de religião muçulmana). A divisão persiste até os dias de hoje. Gandhi, o messias da não violência, foi vítima da violência. A 30 de janeiro de 1948 um brâmane fanático o assassinou. Recebeu do povo o título de Mahatma que significa a Grande Alma.

Efetivamente, Mahatma Gandhi deixou à humanidade este legado perene: é possível unir santidade pessoal a um empenho político libertador. Essa santidade pessoal, fundada na paixão pela verdade e na opção pelos meios pacíficos, faz com que a política seja mais que um simples exercício de poder público; ela se transforma num cuidado amoroso para com a vida e num compromisso ético com o destino de todo o povo.

## 7 O cuidado de Olenka e Tânia: a hospitalidade que salva

A hospitalidade é por excelência a virtude dos nômades, migrantes e peregrinos. De certa forma, todos somos peregrinos, pois somos viandantes pelos caminhos da vida e frequentemente estamos às voltas com estrangeiros, merecedores de hospitalidade. Sem hospitalidade, as pessoas, as comunidades e os povos não alimentam a reciprocidade entre si nem reforçam o laço de paz e de amizade entre eles.

A hospitalidade pode ser entendida como uma das expressões do cuidado. Há momentos em que esse cuidado, transformado em hospitalidade, salva pessoas ameaçadas. Foi o que ocorreu com o judeu romeno naturalizado brasileiro, de nome Michael Stivelman, vivendo desde 1948 no Rio de Janeiro como empresário.

Em seu livro *A marcha* narra a forma perversa com a qual os nazistas na Romênia eliminavam judeus. Faziam-nos andar sem destino, de dia e de noite, vilipendiados e apedrejados, até caírem mortos de cansaço e fome.

Stivelman, com a idade de 13 anos, foi forçado a incorporar-se nessa marcha sinistra. Narra fatos de grande barbaridade e traição e, ao mesmo tempo, de comovente hospitalidade. Depois de andar três meses sem parar, já semimorto, conseguiu evadir-se com sua mãe quase moribunda. Foram acolhidos por uma aldeã de nome Olenka e por sua filha Tânia. Elas arriscaram a própria vida para salvar a vida ameaçada de desconhecidos. Deram a Stivelman e a sua mãe o primeiro banho após meses, pensaram suas feridas, repartiram seus parcos alimentos e cederam suas próprias camas.

Olenka e Tânia revelaram a essência humana feita de cuidado e de compaixão. Por causa de sua profunda humanidade, serão eternamente lembradas. Mais do que a vida física, devolveram a Stivelman e à sua mãe a confiança fundamental na bondade da vida. Não obstante as aberrações possíveis, a vida possui uma orientação sagrada; vale a pena ser vivida como cuidado e enternecimento.

## 8 O profeta do princípio Gentileza

Cada época tem seus profetas que denunciam, anunciam, consolam e mantêm viva a chama da esperança. No primeiro capítulo caracterizáva-mos nossa época pelo estigma da falta de cuidado e pela perda da gentileza nas relações interpessoais e sociais. Este estigma afeta principalmente os grandes conglomerados urbanos, como a cidade do Rio de Janeiro. É uma cidade onde a gentileza da paisagem se mostra com generosidade na composição ecológica de mar, montanha e floresta, e com uma população cheia de humor e leveza. Mas lentamente viu brutalizadas as relações sociais pela violência contra meninos e meninas de rua, pelos assaltos frequentes e pelo nervosismo do tráfego. Nesse contexto surgiu um homem, José da Trino (1917-1996) que começou a pregar a gentileza como alternativa para a cidade e para a humanidade. Seu impacto nas camadas populares foi grande, a ponto de ser chamado "Profeta Gentileza".

Como todo profeta verdadeiro, também ele sentiu um chamamento divino, dentro de um determinado contexto histórico. Tinha uma pequena empresa de transporte de carga na zona norte do Rio, em Guadalupe. Vivia normalmente como qualquer trabalhador das classes populares. Até que no dia 17 de dezembro de 1961 ocorreu um grande incêndio no circo norte-americano, no outro lado da Baía da Guanabara, em Niterói. Foram calcinadas cerca de 400 pessoas. Tal tragédia abalou José da Trino. Seis dias após, irrompeu a vocação profética, entre meio-dia e uma hora da tarde, quando entregava mercadorias com seu caminhão. Ele mesmo testemunhou que recebeu um chamamento divino, confirmado três vezes, de que deveria deixar tudo e entregar-se ao consolo das vítimas do circo em Niterói. Às vésperas de Natal, tomou seu caminhão, comprou duas pipas de vinho de cem litros, foi a Niterói e lá, junto às barcas, começou a distribuir em copos de papel vinho para todos, anunciando: "quem quiser tomar vinho não precisa pagar nada, é só pedir por gentileza... é só dizer agradecido".

Depois instalou-se por quatro anos no local do incêndio. Cercou-o e transformou-o num jardim cheio de flores. Colocou dois portãos, um de entrada e outro de saída, com as inscrições: "Bem-vindo ao Paraíso do Gentileza. Entre, não fume, não diga palavras obscenas porque tornou-se agora um campo santo".

Consolava a todos que chegavam desesperados dizendo: "seu papai, sua mamãe, sua filha, seu filho não morreram; morreu o corpo, o espírito não. Deus chamou. Até o pior pecador se salvou porque Deus não é vingativo... Eu fui enviado por Deus e vim consolar vocês". Efetivamente os que vinham e escutavam sua mensagem, saíam consolados.

Curiosamente, como nos profetas bíblicos, o Profeta Gentileza via nos acontecimentos a manifestação de um sentido profundo. O circo lhe sugere o mundo como um circo, como teatro e representação. Sua destruição é uma metáfora da destruição de um tipo de mundo construído na falta de gentileza e de gratuidade. Claramente diz: "a derrota de um circo queimado em Niterói é um mundo representado. [...] É isso que aconteceu; e o mundo é redondo e o circo arredondado; por esse motivo, então, o mundo foi acabado". A alternativa a esse mundo acabado reside na vivência da gentileza e da atitude de agradecimento.

Tomou a sério sua vocação: confeccionou uma bata branca, tomou um bordão e levou um estandarte cheio de apliques com mensagens ligadas à gentileza. Peregrinou pelo Brasil, especialmente pelo Norte e pelo Nordeste, até se instalar definitivamente no Rio de Janeiro. Circulava pela cidade, pregava nas praças, colocava-se nas barcas entre Rio e Niterói, vivia continuamente no meio do povo.

A partir de 1980 inaugurou uma nova fase de sua atividade profética. Inscreveu seus ensinamentos em 55 pilastras do viaduto do Caju, à entrada da cidade do Rio. Denunciava as ameaças que pesam sobre a natureza, produzidas, dizia, pelo "capeta-capital". Mas a força de sua mensagem se centrava na gentileza. Para expressá-la usava o código que conhecia, a simbologia trinitária católica. Tudo era pensado e anunciado em nome do Pai, do Filho e do Espírito Santo. Curiosamente, não só utilizava a terminologia trinitária, a mais comum, mas também a quaternária, a mais rara. O psicanalista C.G. Jung (1875-1961), que estudou a fundo os símbolos da totalidade, mostrou que a trindade cristã não significa apenas uma doutrina. É um código para significar uma totalidade integrada. Para isso usa o símbolo três – Pai, Filho e Espírito Santo – ou o número quatro – Pai, Filho, Espírito Santo e Natureza ou Maria. O quarto elemento, segundo Jung, é sempre feminino.

Os números três ou quatro não devem ser entendidos como números matemáticos, mas como arquétipos ou símbolos numéricos para expressar uma experiência de totalidade: o três, a totalidade voltada para dentro, e o quatro, voltada para fora; ou a soma de quatro mais três que é o número sete, arquétipo de uma globalização que inclui tudo – Deus, o universo, o homem e a mulher.

Essa simbologia arquetípica aparece claramente nas mensagens do profeta Gentileza. O universo, por exemplo, vem escrito assim "Univvverrsso" para significar a atuação das três divinas pessoas (vvv) em particular o Filho (rr) e o Espírito Santo (ss). O amor é sempre pensado trinitariamente. Por isso o escreve assim: "Amorrr" e o explica: "amor material se escreve com um r, amor universal se escreve com três r: um r do Pai, um r do Filho, um r do Espírito Santo-

Amorrr". Outras vezes coloca junto ao Pai, Filho e Espírito Santo a natureza ou Nossa Senhora (P/F/E/N).

Mas o princípio norteador de tudo é a Gentileza, como modo de ser. A tempo e contratempo anuncia sem se cansar: "Gentileza gera gentileza". "Deus Pai é gentileza que gera o Filho por gentileza". Recusa-se a dizer "muito obrigado", porque, argumentava, ninguém é obrigado a nada, pois todos devemos ser gentis uns para com os outros e relacionar-nos com amor. No lugar de "muito obrigado" devemos dizer "agradecido"; ao invés de "por favor" devemos usar "por gentileza", pois assim, dizia, nos religamos à Gentileza ou à Graça que é Deus, porquanto Ele criou tudo com gentileza e na plena gratuidade.

Se Pascal, como vimos, falava do *esprit de finesse*, José da Trino inventou o *esprit de gentilesse* com o mesmo sentido básico de Pascal. As ressonâncias deste espírito se dão nos seguintes valores inscritos em sua bata e nas pilastras dos viadutos: "gentileza-amor-beleza-perfeição-bondade-riqueza-na natureza". Essa gentileza fontal, ele a viveu pessoalmente, não apenas a pregou. Tratava a todos com extrema finura. Quando o chamavam de maluco, respondia: "maluco para te amar, louco para te salvar". Ou: "seja maluco como eu, mas seja maluco beleza, da Natureza, das coisas divinas".

Dava-se conta da importância mundial do princípio Gentileza. Durante a ECO 92, no Rio de Janeiro, conclamava os representantes dos povos e os chefes de estado a viverem a Gentileza e se aplicarem ao uso da Gentileza.

Alquebrado, quis regressar à cidade onde nascera, Cafelândia-SP. Mas morreu em Mirandópolis-SP, no dia 28 de maio de 1996, aos 79 anos de idade.

Leonardo Guelman, jovem filósofo brasileiro, dedicou-lhe um minucioso trabalho de reconstrução e de análise filosófico-cultural sob o título *Univvverrsso Gentileza, a gênese de um mito contemporâneo*. Junto com o trabalho produziu um belíssimo CD-ROM. Conclui com esta reflexão pertinente: "Gentileza se volta para um sentido de humanização da vida na cidade contemporânea. As cidades marcadas pela violência e pelo desapego de seus habitantes, colocam-se para o Profeta como um mundo a restituir. Assim se deu com o local do circo em Niterói e com os viadutos do Caju, no Rio de Janeiro. Sobre as cinzas e a fumaça dos viadutos da megalópole, em seus lugares mais inóspitos e desolados, o homem vindo de Cafelândia-SP vem exaltar seu 'anúncio' transposto em letras azuis e em faixas verde-amarelas. É a perspectiva de um homem simples, em sua vivência da realidade e da cultura brasileira, que se estabelece como um contraponto fundamental em relação à forma de vida que implica a todos. "Gentileza gera Gentileza", conclama o Profeta em mais da metade de seus escritos no Rio de Janeiro".

Em plena selva de pedra, em que se transformaram as cidades modernas, o Profeta anuncia um *ethos* capaz de inspirar um novo paradigma civilizatório: a Gentileza como irradiação do cuidado e da ternura essenciais. Esse paradigma tem mais chances de integração e de humanização que aquele que afundou junto com o circo em Niterói, o velho paradigma do modo-de-ser-trabalho-dominação.

## 9 Feng-shui: a filosofia chinesa do cuidado

Como resumo de tudo o que refletimos até agora, queremos apresentar um tópico importante da visão chinesa do mundo, que vem sob o nome de Feng-shui*. Nas suas múltiplas facetas, o Feng-shui representa uma síntese acabada do cuidado, concretizado na forma como se organiza o jardim e a casa humana e postulando um nível de justa medida e de integração dos elementos presentes como raramente se conhece nas culturas históricas. Podemos até dizer que os chineses são para o Oriente aquilo que os gregos foram para o Ocidente: os incansáveis buscadores do equilíbrio dinâmico em todas as coisas. Daí se deriva a crescente relevância que o Feng-shui está conquistando no mundo inteiro.

O supremo ideal da tradição chinesa que encontrou no taoismo* sua melhor expressão, representada por Lao-tse (do VI-V século a.C.) e por Chuang-tsu (século V-IV a.C.), consiste em procurar a unidade mediante um processo de integração das diferenças, especialmente das conhecidas polaridades de yin/yang, masculino/feminino, espaço/tempo, celestial/terrenal entre outras. O Tao* representa essa integração, realidade inefável com a qual a pessoa busca se unir.

Tao significa caminho e método, mas também a energia misteriosa e secreta que produz todos os caminhos e projeta todos os métodos. Ele é inexprimível em palavras, diante dele vale o nobre silêncio. Faz-se presente em todas as coisas como princípio imanente de sentido. Subjaz no yin e no yang e através deles se manifesta. O ideal humano é chegar a uma união tão profunda com o Tao que se produza o *satori*, a iluminação. Essa união nos confere a imortalidade e a eternidade. Para os taoistas o bem supremo não se dá no além-morte como para os cristãos, mas ainda no tempo e na história, mediante uma experiência de não dualidade e de integração no Tao. Ao morrer a pessoa se uni-fica com o Tao.

Para se alcançar esta união, faz-se imprescindível a sintonia com a energia vital que perpassa o céu e a terra, o *chi*. *Chi* é intraduzível, mas equivale ao *ruah* dos judeus, ao *pneuma* dos gregos, ao *spiritus* dos latinos e ao *axé* dos yoruba/nagô, expressões que designam o sopro universal, a energia suprema e cósmica.

É por força do *chi* que todas as coisas se transformam (cf. o livro *I Ching*, o livro das mutações) e se mantêm permanentemente em processo. Flui no ser humano através dos meridianos da *acupuntura*. Circula na terra pelas veias telúricas subterrâneas, compostas pelos campos eletromagnéticos distribuídos ao longo de meridianos da *ecopuntura* que entrecruzam a superfície terrestre. Quando o *chi* se expande, significa vida, quando se retrai, morte. Quando ganha peso, apresenta-se como matéria, quando se torna sutil, como espírito. A natureza é a combinação sábia dos vários estados do Chi, desde os mais pesados até os mais leves.

O *chi* assume a forma dos dois animais arquetípicos da cultura chinesa, o tigre e o dragão. Eles significam a racionalidade e o masculino (tigre), a emoção e o feminino (dragão). Quando se encontram num determinado lugar, surge uma paisagem aprazível com brisas suaves e águas cristalinas, montanhas sinuosas e vales verdejantes. É um convite para o ser humano instalar aí sua morada.

A visão chinesa do mundo privilegia o espaço, à diferença do Ocidente que previlegia o tempo. O espaço para o taoismo* é o lugar do encontro, do convívio, das interações de todos com todos, pois todos são portadores da energia *chi* que impregna o espaço. A suprema expressão do espaço se realiza na casa e no jardim. Mesmo na forma de miniatura, eles constituem um resumo do universo, a harmonização dos elementos, o encontro sinfônico das polaridades.

Se o ser humano quiser ser feliz, deve desenvolver a *topo-filia*, o amor ao lugar onde mora e onde constrói seu jardim. O Feng-shui é a arte e técnica de bem construir a casa e o jardim.

Que é, pois, o Feng-shui? Literalmente significa "vento e água". Originalmente era o sábio que, a partir de sua observação da natureza e da fina sintonia com o *chi*, fornecia as indicações ideais para montar a casa e o jardim.

Beatriz Bartoly, uma das melhores conhecedoras desta filosofia no Brasil, escreve que "o Feng-shui nos remete para uma forma de zelo carinhoso – nós diríamos cuidadoso e terno – com o banal de nossa existência, que no Ocidente, por longo tempo, tem sido desprestigiado e menosprezado: cuidar das plantas, dos animais, arrumar a casa, cuidar da limpeza, da manutenção dos aposentos, preparar os alimentos, ornamentar o cotidiano com a prosaica, e, ao mesmo tempo, majestosa beleza da natureza. Porém, mais do que as construções e as obras humanas é a sua conduta e a sua ação que é alvo maior desta filosofia de vida, pois mais do que os resultados, o Feng-shui visa o processo. É o *exercício* de embelezamento que importa, mais do que o belo cenário que se alcança através dele. O valor está na ação e não na construção, na conduta e não na obra".

Como se depreende, a filosofia Feng-shui visa antes o sujeito que o objeto, mais a pessoa do que ambiente e a casa em si. A pessoa precisa envolver-se no processo, desenvolver a percepção do ambiente, captar os fluxos energéticos e os ritmos da natureza. Deve assumir uma conduta em harmonia com os outros, com o cosmos e com os processos rítmicos da natureza. Quando tiver criado essa ecologia interior, está capacitado para organizar, com sucesso, sua ecologia exterior.

Mais que uma ciência e arte, o Feng-shui é fundamentalmente uma ética ecológico-cósmica de como cuidar da correta distribuição do *chi* em nosso ambiente inteiro.

Face ao desmantelamento do cuidado e à grave crise ecológica atual, a milenar sabedoria do Feng-shui nos ajuda a refazer a aliança de simpatia e de amor para com a natureza. Essa conduta reconstrói a morada humana assentada sobre o cuidado e as suas múltiplas ressonâncias.

## Bibliografia para aprofundamento

ALVES, R. *Gandhi*. São Paulo: Brasiliense, 1983.

ALIER, J.M. *Da economia ecológica ao ecologismo popular*. Blumenau: Furb, 1998.

ATTENBOROUGH, R. *As palavras de Gandhi*. Rio de Janeiro: Record, 1983.

BARTOLY, B. *Feng-shui e o desvelamento da morada humana –* Um estudo sobre os conceitos de espaço e de natureza na filosofia chinesa [Tese de mestrado. Uerj 1998.]

BOFF, L. *Jesus Cristo Libertador*. Petrópolis: Vozes, 1997.

_____. *Francisco de Assis*: ternura e vigor. Petrópolis: Vozes, 1997.

DEBRAY, R. *Vida e morte da imagem*: uma história do olhar no Ocidente. Petrópolis: Vozes, 1993.

EITEL, E. *Feng-shui, a ciência do paisagismo sagrado na China antiga*. São Paulo: Ground, 1985.

ELLSBERG, R. *Gandhi e o cristianismo*. São Paulo: Paulus, 1996.

ENGLEBERT, O. *A vida de São Francisco de Assis*. Porto Alegre: Sulina, 1974.

FISCHER, L. *Gandhi*: sua vida e mensagem para o mundo. São Paulo: Martin Claret, 1983.

GANDHI, M. *Minha vida e minhas experiências com a verdade*. Rio de Janeiro: Zahar, 1976.

GRANET, M. *O pensamento chinês*. Rio de Janeiro: Contraponto, 1997.

GUELMAN, L. *Univvverrsso Gentileza* – A gênese de um mito contemporâneo. Rio de Janeiro: Universidade Federal Fluminense/Pontuar, 1997.

LECLERC, E. *O cântico das criaturas ou os símbolos da união*. Petrópolis: Vozes, 1979.

LELOUP, J.-Y. & BOFF, L. *Terapeutas do deserto*. Petrópolis: Vozes, 1997.

_____. *Espírito na saúde*. Petrópolis: Vozes, 1997.

LEPARGNEUR, H. *O despertar dos doentes*. Rio de Janeiro: Achiamé/Icaps, 1986.

REMEN, R.N. *Histórias que curam* – Conversas sábias ao pé do fogo. São Paulo: Ágora, 1998.

ROSNAY, J. de. *O homem simbiótico* – Perspectivas para o terceiro milênio. Petrópolis: Vozes, 1997.

SEBBA, A. *Madre Teresa* – A imagem e os fatos. Petrópolis: Vozes, 1998.

STIVELMAN, M. *A marcha*. Rio de Janeiro: Nova Fronteira, 1998.

SUSIN, C. *O homem messiânico* – Uma introdução ao pensamento de Emmanuel Lévinas. Petrópolis: Vozes, 1984.

# Conclusão
## O cuidado e o futuro dos espoliados e da Terra

*A* categoria cuidado se mostrou chave decifradora da essência humana. O ser humano possui transcendência e por isso viola todos os tabus, ultrapassa todas as barreiras e se contenta apenas com o infinito. Ele possui algo de Júpiter dentro de si; não sem razão recebeu dele o espírito.

O ser humano possui imanência e por isso se encontra situado num planeta, enraizado num local e plasmado dentro das possibilidades do espaço-tempo. Ele tem algo da Tellus/Terra dentro de si; é feito de húmus, donde se deriva a palavra homem.

O ser humano se encontra sob a regência do tempo. Este não significa um puro correr, vazio de conteúdos. O tempo é histórico, feito pela saga do universo, pela prática humana, especialmente pela luta dos oprimidos buscando sua vida e libertação. Ele se constrói passo a passo, por isso sempre concreto, concretíssimo. Mas simultaneamente o tempo implica um horizonte utópico, promessa de uma plenitude futura para o ser humano, para os excluídos e para o cosmos. Somente buscando o impossível, consegue-se realizar o possível. Em razão dessa dinâmica, o ser humano possui algo de Saturno, senhor do tempo e da utopia.

Mas não basta dizer tais determinações. Elas, na verdade, dilaceram o ser humano. Colocam-no distendido e crucificado entre o céu e a terra, entre o presente e o futuro, entre a injustiça e a luta pela liberdade.

Que alquimia forjará o elo entre Júpiter, Tellus/Terra e Saturno? Que energia articulará a transcendência e a imanência, a história e a utopia, a luta pela justiça e a paz para que construam o humano plenamente?

A fábula-mito de Higino nos transmite a sabedoria ancestral: é o cuidado que enlaça todas as coisas; é o cuidado que traz o céu para dentro da terra e coloca a terra para dentro do céu; é o cuidado que fornece o elo de passagem da transcendência para a imanência, da imanência para a transcendência e da história para a utopia. É o cuidado que confere força para buscar a paz no meio dos conflitos de toda ordem. Sem o cuidado que resgata a dignidade da humanidade condenada à exclusão, não se inaugurará um novo paradigma de convivência.

O cuidado é anterior ao espírito (Júpiter) e ao corpo (Tellus). O espírito se humaniza e o corpo se vivifica quando são moldados pelo cuidado. Caso contrário, o espírito se perde nas abstrações e o corpo se confunde com a matéria informe. O cuidado faz com que o espírito dê forma a um corpo concreto, dentro do tempo, aberto à história e dimensionado para a utopia (Saturno). É o cuidado que permite a revolução da ternura ao priorizar o social sobre o individual e ao orientar o desenvolvimento para a melhoria da qualidade de vida dos humanos e de outros organismos vivos. O cuidado faz surgir o ser humano complexo, sensível, solidário, cordial, e conectado com tudo e com todos no universo.

O cuidado imprimiu sua marca registrada em cada porção, em cada dimensão e em cada dobra escondida do ser humano. Sem o cuidado o humano se faria inumano.

Tudo o que vive precisa ser alimentado. Assim o cuidado, a essência da vida humana, precisa também ser continuamente alimentado. As ressonâncias do cuidado são sua manifestação concreta nas várias vertebrações da existência e, ao mesmo tempo, seu alimento indispensável. O cuidado vive do amor primal, da ternura, da carícia, da compaixão, da convivialidade, da medida justa em todas as coisas. Sem cuidado, o ser humano, como um tamagochi, definha e morre.

Hoje, na crise do projeto humano, sentimos a falta clamorosa de cuidado em toda parte. Suas ressonâncias negativas se mostram pela má qualidade de vida, pela penalização da maioria empobrecida da humanidade, pela degradação ecológica e pela exaltação exacerbada da violência.

Não busquemos o caminho da cura fora do ser humano. O *ethos* está no próprio ser humano, entendido em sua plenitude que inclui o infinito. Ele precisa voltar-se sobre si mesmo e redescobrir sua essência que se encontra no cuidado.

Que o cuidado aflore em todos os âmbitos, que penetre na atmosfera humana e que prevaleça em todas as relações! O cuidado salvará a vida, fará justiça ao empobrecido e resgatará a Terra como pátria e mátria de todos.

# Glossário

*Animus/anima*: expressão difundida pelo psicanalista C.G. Jung (1875-1961) para designar a dimensão masculina (*animus*) e feminina (*anima*) presentes em cada pessoa e que se reflete nos padrões culturais de comportamento.

*Androcentrismo*: palavra de origem grega que designa a centralização do poder na figura do homem (*anér*), dominando, por isso, a mulher.

*Antrópico, princípio*: conjunto de ideias, baseadas na seguinte constatação: o fato de estarmos aqui e dizermos tudo o que dizemos, só é possível porque o universo se constituiu com tal simetria e caminhou com tal propósito que culminou no ser humano; se assim não fosse não estaríamos aqui.

*Antropoide*: grupo de primatas superiores que inclui os orangotangos, gorilas e chimpanzés.

*Arquétipo*: padrões de comportamento existentes no inconsciente coletivo da humanidade, representando as experiências básicas feitas no afã de orientar sua vida. Eles emergem na consciência sob a forma de grandes símbolos, sonhos, utopias e figuras exemplares.

*Auto-organização*: organização espontânea da matéria e das energias originárias que dá origem aos seres vivos, chamada também de autopoiese*.

*Autopoiese*: autocriação e auto-organização dos seres vivos.

*Biosfera*: tudo o que vive no ar, no solo, no subsolo e no mar forma a biosfera.

*Caos*: Comportamento imprevisível de certos sistemas, especialmente, vivos e que possibilitam ordens novas ou diferentes; por isso diz-se que o caos não é "caótico", mas generativo.

*Cibionte*: macro-organismo resultante da simbiose* e da articulação do biológico com o mecânico e o eletrônico. As sociedades atuais constituem o cibionte, pois coexistem e coevoluem juntos os seres humanos, as sociedades, as máquinas e as redes de informação formando um todo que prolonga o processo evolutivo, agora copilotado pelo ser humano.

*Complementaridade, princípio*: enunciado pelo físico quântico dinamarquês Niel Bohr, segundo o qual matéria e a radiação podem ser, simultaneamente, onda e partícula. As duas descrições se complementam. Esse princípio se aplica também em outros campos onde se verificam oposições, entendidas como complementares dentro do sistema global.

*Corporeidade*: conceito que exprime a totalidade do ser humano enquanto é um ser vivo, parte da criação e da natureza. Não se deve confundir com *corporalidade*, termo da antropologia dualista que interpreta o ser humano como a união de duas partes distintas, o corpo e a alma.

*Cosmológico, princípio*: hipótese segundo a qual o universo se rege pelas quatro forças* originárias da natureza, a gravitacional, a eletromagnética, a nucler fraca e forte e mostra semelhanças em todos os lugares (é, pois, homogêneo) e em todas as direções (é, pois, isotrópico). Isso foi espetacularmente comprovado pela radiação de fundo, último eco do *big-bang* que vem, por igual, de todas as partes do universo.

*Coevolução*: evolução conjunta dos ecossistemas com seus respectivos representantes, incluindo os sistemas sociais e técnicos.

*Cosmologia*: ciência que estuda o cosmos, sua origem, sua evolução e seu propósito. Imagem de mundo que uma sociedade produz para orientar-se nos conhecimentos e para situar o lugar do ser humano no conjunto dos seres.

*Dissipativa, estrutura*: mecanismos presentes nos processos de auto-organização dos seres vivos mediante os quais se dissipa a tendência natural para a desordem (entropia) e se mantém a organização deles no decorrer do tempo, graças ao fluxo de energia e de informação que os atravessa.

*Ecossistema*: conjunto de todos os sistemas, seja naturais seja técnicos, projetados pelo ser humano.

*Elementos primordiais*: elementos químicos fabricados por ocasião do *big-bang*, durante os três primeiros minutos do universo. Trata-se principalmente do hidrogênio que compõe 3/4 de toda a massa do universo e do hélio que constitui o outro 1/4 da massa, mais alguns indícios de deutério e de lítio.

*Empoderamento*: tradução de *empowerment* em inglês que significa a criação de poder nos sem-poder ou a socialização do poder entre todos os cidadãos e reforço da cidadania ativa junto aos movimentos sociais.

*Entropia*: desgaste natural e irreversível da energia de um sistema fechado, tendendo a zero; equivale à morte térmica.

*Ethos*: em grego significa a toca do animal ou a casa humana; conjunto de princípios que regem, transculturalmente, o comportamento humano para que seja realmente humano no sentido de ser consciente, livre e responsável; o *ethos* constrói pessoal e socialmente o habitat humano; veja moral.

*Feng-shui*: filosofia ecológica chinesa que procura construir, o mais adequadamente possível, um ambiente de moradia ou de trabalho humano considerando o equilíbrio de todas as energias que atuam naquele espaço.

*Flutuação*: oscilação que ocorre em determinada ordem, dada a natureza de seu equilíbrio que é sempre frágil e sempre por refazer ou criar; os sistemas vivos e sociais se encontram sempre em flutuação.

*Força gravitacional*: força atrativa que atua sobre as massas; é a mais universal das forças, embora a mais fraca.

*Força eletromagnética*: força que atua somente sobre as partículas que têm carga; se oposta, as partículas se atraem; se semelhante, elas se repelem.

*Força nuclear fraca*: responsável pela desintegração dos átomos e da radioatividade. Só age a nível atômico (10-15 cm).

*Força nuclear forte*: força que liga os quarks (as mais elementares das partículas) para formar os prótons e os neutrons e que liga os prótons e nêutrons para formar o núcleo atômico. Ela não age sobre os fótons e os eléctrons. É a mais poderosa das forças da natureza.

*Gaia*: um dos nomes da Terra na mitologia grega. O cientista James Lovelock chamou a Terra de Gaia porque ela mostra reações e formas de equilíbrio, própria dos seres vivos. Ela seria um superorganismo vivo.

*Higino*: escravo egípcio de César Augusto, depois diretor da Biblioteca Palatina em Roma e autor da fábula-mito do Cuidado essencial, analisada em nosso livro. Morreu no ano 10 de nossa era.

*Hinduísmo*: religião, com muitas ramificações da maioria dos povos indianos, resultante de uma evolução secular do vedismo e do bramanismo, que se transformaram pela especulação filosófica e pela integração de cultos locais.

*Holismo*: provém de *holos* em grego que significa totalidade. É a compreensão da realidade que articula o todo nas partes e as partes no todo, pois vê tudo como um processo dinâmico, diverso e uno.

*Hominídeos*: grupo da espécie dos primatas que inclui o ser humano atual (*homo sapiens sapiens*) e seus ancestrais diretos (*homo sapiens*).

*Logos*: espírito, razão, estrutura de sentido (lógica).

*Massa invisível*: matéria de natureza desconhecida que não emite nenhuma luz. A existência dessa massa invisível deriva dos estudos dos movimentos das estrelas e do gás nas galáxias. Calcula-se que de 90-98% da massa total do universo seja massa invisível.

*Matriarcado*: cf. matrifocal.

*Matrifocal*: diz-se de uma cultura que tem nas mulheres (mães) o eixo e o foco de organização social. Chama-se também de matriarcal como oposto a patriarcal.

*Mecânica quântica*: teoria física desenvolvida nos começos do século XX que descreve as propriedades da matéria e das energias à escala subatômica. Segundo essa teoria, a matéria e a luz podem ser consideradas simultaneamente como partícula e como onda. Só podem ser descritas em termos de probabilidades. A partícula de luz é chamada de quantum de energia, donde vem o nome da teoria.

*Moral*: formas concretas pelas quais o *ethos* se historiza; as morais são diferentes por causa das culturas e dos tempos históricos diferentes. Mas todas as morais remetem ao *ethos* do humano fundamental que é um só.

*Morfogenético*: na autopoiese* da vida não são importantes apenas os fatores físico-químicos, mas também as formas singulares que os seres assumem, pelo que se distinguem de outros dentro da mesma e comum tradição biológica.

*Noosfera*: termo cunhado por Teilhard de Chardin para designar a nova fase da humanidade depois da antroposfera e da biosfera, fase caracterizada pela consciência planetária e pela responsabilidade pelo destino comum dos seres humanos e do planeta Terra.

*Nucleossíntese*: formação dos núcleos atômicos através de reações nucleares, seja por ocasião do *big-bang* (nucleossíntese primordial, responsável pelos elementos leves como o hidrogênio e o hélio), seja no coração das grandes estrelas vermelhas (onde se fabricaram os elementos mais pesados que o hélio e menos pesados que o ferro), seja nas supernovas (= morte explosiva de uma estrela que consumiu seu carburante, onde se forjaram todos os demais elementos, mais pesados que o ferro).

*Ontológico*: que tem a ver com a essência, com a identidade profunda, com a natureza de um ser, como, por exemplo, o cuidado essencial com referência ao ser humano.

*Panenteísmo*: literalmente significa tudo em Deus e Deus em tudo; doutrina que afirma a mútua presença das criaturas em Deus e de Deus nas criaturas; o panenteísmo supõe a diferença entre criatura e Criador, contrariamente ao panteísmo que nega essa diferença e afirma ser tudo igualmente Deus.

*Paradigma*: conjunto de princípios, ideias e valores compartilhados por uma comunidade servindo de referência e de orientação; a mudança de paradigma ocorre quando surgem novas visões da realidade, como está se verificando hodiernamente.

*Pathos*: capacidade de sentir, sentimento profundo; donde vem simpatia, patético, paciente.

*Simbiose*: associação entre espécies vivas, beneficiando-se mutuamente; por extensão, associação entre seres vivos, sistemas sociais e máquinas; é o que ocorre, concretamente, no funcionamento de nossas sociedades atuais.

*Sinergia*: interação de todas as energias em presença, em vista da manutenção de cada ecossistema e dos indivíduos que a ele pertencem.

*Sintropia*: coordenação de energias que têm por efeito diminuir a entropia, quer dizer, o desgaste de energia e maximalizar sua utilização.

*Sistema complexo*: o conjunto de elementos interconectados entre si forma um sistema; ele é complexo quando os elementos são numerosos e diversos são os tipos de relação que vigoram entre eles.

*Sustentabilidade*: diz-se que uma sociedade ou um processo de desenvolvimento possui sustentabilidade quando por ele se consegue a satisfação das necessidades, sem comprometer o capital natural e sem lesar o direito das gerações futuras de verem atendidas também as suas necessidades e de poderem herdar um planeta sadio com seus ecossistemas preservados.

*Tao*: conceito central do taoismo e de difícil apreensão. Pode significar o caminho do universo, das coisas e das pessoas; a energia primordial que permite fazer caminho, que tudo pervade e orienta. Quando interiorizado na pessoa significa transfiguração e união com o Todo e com tudo.

*Taoismo*: religião e filosofia originária da China (VI-V a.C.), baseada no Tao como se explica sob o verbete Tao. Principais representantes: Lao-tse e Chuang-tsu.

*Termodinâmica*: ramo da física e da química que estuda o calor e suas transformações. Há duas leis básicas. A primeira afirma que o calor é energia, sempre constante no universo. A segunda afirma que o calor (energia) sempre tem um desgaste não mais recuperável. Chama-se entropia. Um sistema fechado tende a gastar toda a sua energia e estabilizar-se na morte térmica. Um sistema aberto conhece a sintropia, isto é, a capacidade de reduzir a entropia e de criar ordens menos energívoras.

*Upanishad*: palavra sânscrita para designar os textos sagrados hindus, considerados revelação divina; datam do fim do período védico (700-300 a.C.); interpretando os Veda, insistem na necessidade de libertar-se do ciclo dos nascimentos pelo conhecimento da ilusão da realidade.

*Vácuo quântico*: espaço repleto de partículas e antipartículas virtuais que aparecem e desaparecem em frações de milionésimos de segundos. Tudo sai e tudo volta ao vácuo quântico, pois é a fonte originária de tudo o que existe e possa existir na ordem de ser que conhecemos.

*Zen-budismo*: forma de budismo que se difundiu no Japão a partir do século XIII, acentuando o valor da meditação (*zen*) sem imagens, o amor à natureza e à prática dos trabalhos manuais que ajudam no autodomínio e no autoconhecimento.

# Livros de Leonardo Boff

1 – *O Evangelho do Cristo Cósmico*. Petrópolis: Vozes, 1971. • Reeditado pela Record (Rio de Janeiro), 2008.

2 – *Jesus Cristo libertador*. Petrópolis: Vozes, 1972.

3 – *Die Kirche als Sakrament im Horizont der Welterfahrung*. Paderborn: Verlag Bonifacius-Druckerei, 1972 [Esgotado].

4 – *A nossa ressurreição na morte*. Petrópolis: Vozes, 1972.

5 – *Vida para além da morte*. Petrópolis: Vozes, 1973.

6 – *O destino do homem e do mundo*. Petrópolis: Vozes, 1973.

7 – *Experimentar Deus*. Petrópolis: Vozes, 2012 [Publicado em 1974 pela Vozes com o título *Atualidade da experiência de Deus*].

8 – *Os sacramentos da vida e a vida dos sacramentos*. Petrópolis: Vozes, 1975.

9 – *A vida religiosa e a Igreja no processo de libertação*. 2. ed. Petrópolis: Vozes/CNBB, 1975 [Esgotado].

10 – *Graça e experiência humana*. Petrópolis: Vozes, 1976.

11 – *Teologia do cativeiro e da libertação*. Lisboa: Multinova, 1976. • Reeditado pela Vozes, 1998.

12 – *Natal*: *a humanidade e a jovialidade de nosso Deus*. Petrópolis: Vozes, 1976. [Esgotado]

13 – *Eclesiogênese – As comunidades reinventam a Igreja*. Petrópolis: Vozes, 1977. • Reeditado pela Record (Rio de Janeiro), 2008.

14 – *Paixão de Cristo, paixão do mundo*. Petrópolis: Vozes, 1977.

15 – *A fé na periferia do mundo*. Petrópolis: Vozes, 1978 [Esgotado].

16 – *Via-sacra da justiça*. Petrópolis: Vozes, 1978 [Esgotado].

17 – *O rosto materno de Deus*. Petrópolis: Vozes, 1979.

18 – *O Pai-nosso – A oração da libertação integral*. Petrópolis: Vozes, 1979.

19 – *Da libertação – O teológico das libertações sócio-históricas*. Petrópolis: Vozes, 1979 [Esgotado].

20 – *O caminhar da Igreja com os oprimidos*. Rio de Janeiro: Codecri, 1980. • Reeditado pela Vozes (Petrópolis), 1988.

21 – *A Ave-Maria – O feminino e o Espírito Santo*. Petrópolis: Vozes, 1980.

22 – *Libertar para a comunhão e participação*. Rio de Janeiro: CRB, 1980 [Esgotado].

23 – *Igreja: carisma e poder*. Petrópolis: Vozes, 1981. • Reedição ampliada: Ática (Rio de Janeiro), 1994; Record (Rio de Janeiro) 2005.

24 – *Crise, oportunidade de crescimento*. Petrópolis: Vozes, 2011 [Publicado em 1981 pela Vozes com o título *Vida segundo o Espírito*].

25 – *São Francisco de Assis – Ternura e vigor*. Petrópolis: Vozes, 1981.

26 – *Via-sacra para quem quer viver*. Petrópolis: Vozes, 1991 [Publicado em 1982 pela Vozes com o título *Via-sacra da ressurreição*].

27 – *O livro da Divina Consolação*. Petrópolis: Vozes, 2006 [Publicado em 1983 com o título *Mestre Eckhart*: a mística do ser e do não ter].

28 – *Ética e ecoespiritualidade*. Petrópolis: Vozes, 2011 [Publicado em 1984 pela Vozes com o título *Do lugar do pobre*].

29 – *Teologia à escuta do povo*. Petrópolis: Vozes, 1984 [Esgotado].

30 – *A cruz nossa de cada dia*. Petrópolis: Vozes, 2012 [Publicado em 1984 pela Vozes com o título *Como pregar a cruz hoje numa sociedade de crucificados*].

31 – (com Clodovis Boff) *Teologia da Libertação no debate atual*. Petrópolis: Vozes, 1985 [Esgotado].

32 – *A Trindade e a sociedade*. Petrópolis: Vozes, 2014 [Publicado em 1986 com o título *A Trindade, a sociedade e a libertação*].

33 – *E a Igreja se fez povo*. Petrópolis: Vozes, 1986 [Esgotado]. • Reeditado em 2011 com o título *Ética e ecoespiritualidade*, em conjunto com *Do lugar do pobre*.

34 – (com Clodovis Boff) *Como fazer Teologia da Libertação?* Petrópolis: Vozes, 1986.

35 – *Die befreiende Botschaft.* Friburgo: Herder, 1987.

36 – *A Santíssima Trindade é a melhor comunidade.* Petrópolis: Vozes, 1988.

37 – (com Nelson Porto) *Francisco de Assis – Homem do paraíso.* Petrópolis: Vozes, 1989. • Reedição modificada em 1999.

38 – *Nova evangelização: a perspectiva dos pobres.* Petrópolis: Vozes, 1990 [Esgotado].

39 – *La misión del teólogo em la Iglesia.* Estella: Verbo Divino, 1991.

40 – *Seleção de textos espirituais.* Petrópolis: Vozes, 1991 [Esgotado].

41 – *Seleção de textos militantes.* Petrópolis: Vozes, 1991 [Esgotado].

42 – *Con La libertad del Evangelio.* Madri: Nueva Utopia, 1991.

43 – *América Latina: da conquista à Nova Evangelização.* São Paulo: Ática, 1992 [Esgotado].

44 – *Ecologia, mundialização e espiritualidade.* São Paulo: Ática, 1993. • Reeditado pela Record (Rio de Janeiro), 2008.

45 – (com Frei Betto) *Mística e espiritualidade.* Rio de Janeiro: Rocco, 1994. • Reedição revista e ampliada pela Vozes (Petrópolis), 2010.

46 – *Nova era: a emergência da consciência planetária.* São Paulo: Ática, 1994. • Reeditado pela Sextante (Rio de Janeiro) em 2003 com o título de *Civilização planetária: desafios à sociedade e ao cristianismo* [Esgotado].

47 – *Je m'explique.* Paris: Desclée de Brouwer, 1994.

48 – (com A. Neguyen Van Si) *Sorella Madre Terra.* Roma: Lavoro, 1994.

49 – *Ecologia – Grito da terra, grito dos pobres.* São Paulo: Ática, 1995. • Reeditado pela Record (Rio de Janeiro) em 2015.

50 – *Princípio Terra – A volta à Terra como pátria comum.* São Paulo: Ática, 1995 [Esgotado].

51 – (Org.) *Igreja: entre norte e sul.* São Paulo: Ática, 1995 [Esgotado].

52 – (com José Ramos Regidor e Clodovis Boff). *A Teologia da Libertação: balanços e perspectivas*. São Paulo: Ática, 1996 [Esgotado].

53 – *Brasa sob cinzas*. Rio de Janeiro: Record, 1996.

54 – *A águia e a galinha*: *uma metáfora da condição humana*. Petrópolis: Vozes, 1997.

55 – *A águia e a galinha*: *uma metáfora da condição humana*. Edição comemorativa: 20 anos. Petrópolis: Vozes, 2017.

56 – (com Jean-Yves Leloup, Pierre Weil, Roberto Crema) *Espírito na saúde*. Petrópolis: Vozes, 1997.

57 – (com Jean-Yves Leloup, Roberto Crema) *Os terapeutas do deserto – De Fílon de Alexandria e Francisco de Assis a Graf Dürckheim*. Petrópolis: Vozes, 1997.

58 – *O despertar da águia*: *o dia-bólico e o sim-bólico na construção da realidade*. Petrópolis: Vozes, 1998.

59 – *O despertar da águia*: *o dia-bólico e o sim-bólico na construção da realidade*. Edição especial. Petrópolis: Vozes, 2017.

60 – *Das Prinzip Mitgefühl – Texte für eine bessere Zukunft*. Friburgo: Herder, 1999.

61 – *Saber cuidar – Ética do humano, compaixão pela Terra*. Petrópolis: Vozes, 1999.

62 – *Ética da vida*. Brasília: Letraviva, 1999. • Reeditado pela Record (Rio de Janeiro), 2009.

63 – *Coríntios – Introdução*. Rio de Janeiro: Objetiva, 1999 (Esgotado).

64 – *A oração de São Francisco: uma mensagem de paz para o mundo atual*. Rio de Janeiro: Sextante, 1999. • Reeditado pela Vozes (Petrópolis), 2014.

65 – *Depois de 500 anos: que Brasil queremos?* Petrópolis: Vozes, 2000 [Esgotado].

66 – *Voz do arco-íris*. Brasília: Letraviva, 2000. • Reeditado pela Sextante (Rio de Janeiro), 2004 [Esgotado].

67 – (com Marcos Arruda) *Globalização: desafios socioeconômicos, éticos e educativos*. Petrópolis: Vozes, 2000.

68 – *Tempo de transcendência – O ser humano como um projeto infinito*. Rio de Janeiro: Sextante, 2000. • Reeditado pela Vozes (Petrópolis), 2009.

69 – (com Werner Müller) *Princípio de compaixão e cuidado*. Petrópolis: Vozes, 2000.

70 – *Ethos mundial – Um consenso mínimo entre os humanos*. Brasília: Letraviva, 2000. • Reeditado pela Record (Rio de Janeiro) em 2009.

71 – *Espiritualidade – Um caminho de transformação*. Rio de Janeiro: Sextante, 2001. • Reeditado pela Mar de Ideias (Rio de Janeiro) em 2016.

72 – *O casamento entre o céu e a terra – Contos dos povos indígenas do Brasil*. São Paulo: Salamandra, 2001. • Reeditado pela Mar de Ideias (Rio de Janeiro) em 2014.

73 – *Fundamentalismo*. Rio de Janeiro: Sextante, 2002. • Reedição ampliada e modificada pela Vozes (Petrópolis) em 2009 com o título *Fundamentalismo, terrorismo, religião e paz*.

74 – (com Rose Marie Muraro) *Feminino e masculino: uma nova consciência para o encontro das diferenças*. Rio de Janeiro: Sextante, 2002. • Reeditado pela Record (Rio de Janeiro), 2010.

75 – *Do iceberg à arca de Noé: o nascimento de uma ética planetária*. Rio de Janeiro: Garamond, 2002. • Reeditado pela Mar de Ideias (Rio de Janeiro), 2010.

76 – *Crise: oportunidade de crescimento*. Campinas: Verus, 2002. • Reeditado pela Vozes (Petrópolis) em 2011.

77 – (com Marco Antônio Miranda) *Terra América: imagens*. Rio de Janeiro: Sextante, 2003 [Esgotado].

78 – *Ética e moral: a busca dos fundamentos*. Petrópolis: Vozes, 2003.

79 – *O Senhor é meu Pastor: consolo divino para o desamparo humano*. Rio de Janeiro: Sextante, 2004. • Reeditado pela Vozes (Petrópolis), 2013.

80 – *Responder florindo*. Rio de Janeiro: Garamond, 2004 [Esgotado].

81 – *Novas formas da Igreja: o futuro de um povo a caminho*. Campinas: Verus, 2004 [Esgotado].

82 – *São José: a personificação do Pai*. Campinas: Verus, 2005. • Reeditado pela Vozes (Petrópolis), 2012.

83 – *Un Papa difficile da amare: scritti e interviste*. Roma: Datanews, 2005.

84 – *Virtudes para um outro mundo possível – Vol. I: Hospitalidade: direito e dever de todos*. Petrópolis: Vozes, 2005.

85 – *Virtudes para um outro mundo possível – Vol. II: Convivência, respeito e tolerância*. Petrópolis: Vozes, 2006.

86 – *Virtudes para um outro mundo possível – Vol. III: Comer e beber juntos e viver em paz*. Petrópolis: Vozes, 2006.

87 – *A força da ternura – Pensamentos para um mundo igualitário, solidário, pleno e amoroso*. Rio de Janeiro: Sextante, 2006. • Reeditado pela Mar de Ideias (Rio de Janeiro) em 2012.

88 – *Ovo da esperança: o sentido da Festa da Páscoa*. Rio de Janeiro: Mar de Ideias, 2007.

89 – (com Lúcia Ribeiro) *Masculino, feminino: experiências vividas*. Rio de Janeiro: Record, 2007.

90 – *Sol da esperança – Natal: histórias, poesias e símbolos*. Rio de Janeiro: Mar de Ideias, 2007.

91 – *Homem: satã ou anjo bom*. Rio de Janeiro: Record, 2008.

92 – (com José Roberto Scolforo) *Mundo eucalipto*. Rio de Janeiro: Mar de Ideias, 2008.

93 – *Opção Terra*. Rio de Janeiro: Record, 2009.

94 – *Meditação da luz*. Petrópolis: Vozes, 2010.

95 – *Cuidar da Terra, proteger a vida*. Rio de Janeiro: Record, 2010.

96 – *Cristianismo: o mínimo do mínimo*. Petrópolis: Vozes, 2011.

97 – *El planeta Tierra: crisis, falsas soluciones, alternativas*. Madri: Nueva Utopia, 2011.

98 – (com Marie Hathaway) *O Tao da Libertação – Explorando a ecologia da transformação*. 2. ed. Petrópolis: Vozes, 2012.

99 – *Sustentabilidade: O que é – O que não é*. Petrópolis: Vozes, 2012.

100 – *Jesus Cristo Libertador: ensaio de cristologia crítica para o nosso tempo*. Petrópolis: Vozes, 2012 [Selo Vozes de Bolso].

101 – *O cuidado necessário: na vida, na saúde, na educação, na ecologia, na ética e na espiritualidade*. Petrópolis: Vozes, 2012.

102 – *As quatro ecologias: ambiental, política e social, mental e integral*. Rio de Janeiro: Mar de Ideias, 2012.

103 – *Francisco de Assis – Francisco de Roma: a irrupção da primavera?* Rio de Janeiro: Mar de Ideias, 2013.

104 – *O Espírito Santo – Fogo interior, doador de vida e Pai dos pobres*. Petrópolis: Vozes, 2013.

105 – (com Jürgen Moltmann) *Há esperança para a criação ameaçada?* Petrópolis: Vozes, 2014.

106 – *A grande transformação: na economia, na política, na ecologia e na educação*. Petrópolis: Vozes, 2014.

107 – *Direitos do coração – Como reverdecer o deserto*. São Paulo: Paulus, 2015.

108 – *Ecologia, ciência, espiritualidade – A transição do velho para o novo*. Rio de Janeiro: Mar de Ideias, 2015.

109 – *A Terra na palma da mão – Uma nova visão do planeta e da humanidade*. Petrópolis: Vozes, 2016.

110 – (com Luigi Zoja) *Memórias inquietas e persistentes de L. Boff*. São Paulo: Ideias & Letras, 2016.

111 – (com Frei Betto e Mario Sergio Cortella) *Felicidade foi-se embora?* Petrópolis: Vozes Nobilis, 2016.

112 – *Ética e espiritualidade– Como cuidar da Casa Comum*. Petrópolis: Vozes, 2017.

113 – *De onde vem? – Uma nova visão do universo, da Terra, da vida, do ser humano, do espírito e de Deus*. Rio de Janeiro: Mar de Ideias, 2017.

114 – *A casa, a espiritualidade, o amor*. São Paulo: Paulinas, 2017.

115 – (com Anselm Grün) *O divino em nós*. Petrópolis: Vozes Nobilis, 2017.

116 – *O livro dos elogios: o significado do insignificante*. São Paulo: Paulus, 2017.

117 – *Brasil – Concluir a refundação ou prolongar a dependência?* Petrópolis: Vozes, 2018.

118 – *Reflexões de um velho teólogo e pensador*. Petrópolis: Vozes, 2018.

119 – *A saudade de Deus – A força dos pequenos*. Petrópolis: Vozes, 2020.

120 – *Covid-19 – A Mãe Terra contra-ataca a humanidade: advertências da pandemia*. Petrópolis: Vozes, 2020.

121 – *O doloroso parto da Mãe Terra – Uma sociedade de fraternidade sem fronteiras e de amizade social*. Petrópolis: Vozes, 2021.

122 – *Habitar a Terra – Qual o caminho para a fraternidade universal?* Petrópolis: Vozes, 2021.

123 – *O pescador ambicioso e o peixe encantado – A busca pela justa medida*. Petrópolis: Vozes, 2022.

124 – *Igreja: carisma e poder – Ensaios de eclesiologia militante*. Petrópolis: Vozes, 2022.

125 – *A amorosidade do Deus-Abba e Jesus de Nazaré*. Petrópolis: Vozes, 2023.

126 – *A busca pela justa medida – Como equilibrar o Planeta Terra*. Petrópolis: Vozes, 2023.

127 – *Cuidar da Casa Comum – Pistas para protelar o fim do mundo*. Petrópolis: Vozes, 2024.

Conecte-se conosco:

**f** facebook.com/editoravozes

⌾ @editoravozes

✕ @editora_vozes

▶ youtube.com/editoravozes

☎ +55 24 2233-9033

www.vozes.com.br

Conheça nossas lojas:

www.livrariavozes.com.br

Belo Horizonte – Brasília – Campinas – Cuiabá – Curitiba
Fortaleza – Juiz de Fora – Petrópolis – Recife – São Paulo

**EDITORA VOZES LTDA.**
Rua Frei Luís, 100 – Centro – Cep 25689-900 – Petrópolis, RJ
Tel.: (24) 2233-9000 – E-mail: vendas@vozes.com.br